1

Der Sprung durch
die wöchentliche
Raumzeit

Story: Kenji Ichima

Art: Tsunehiro Date

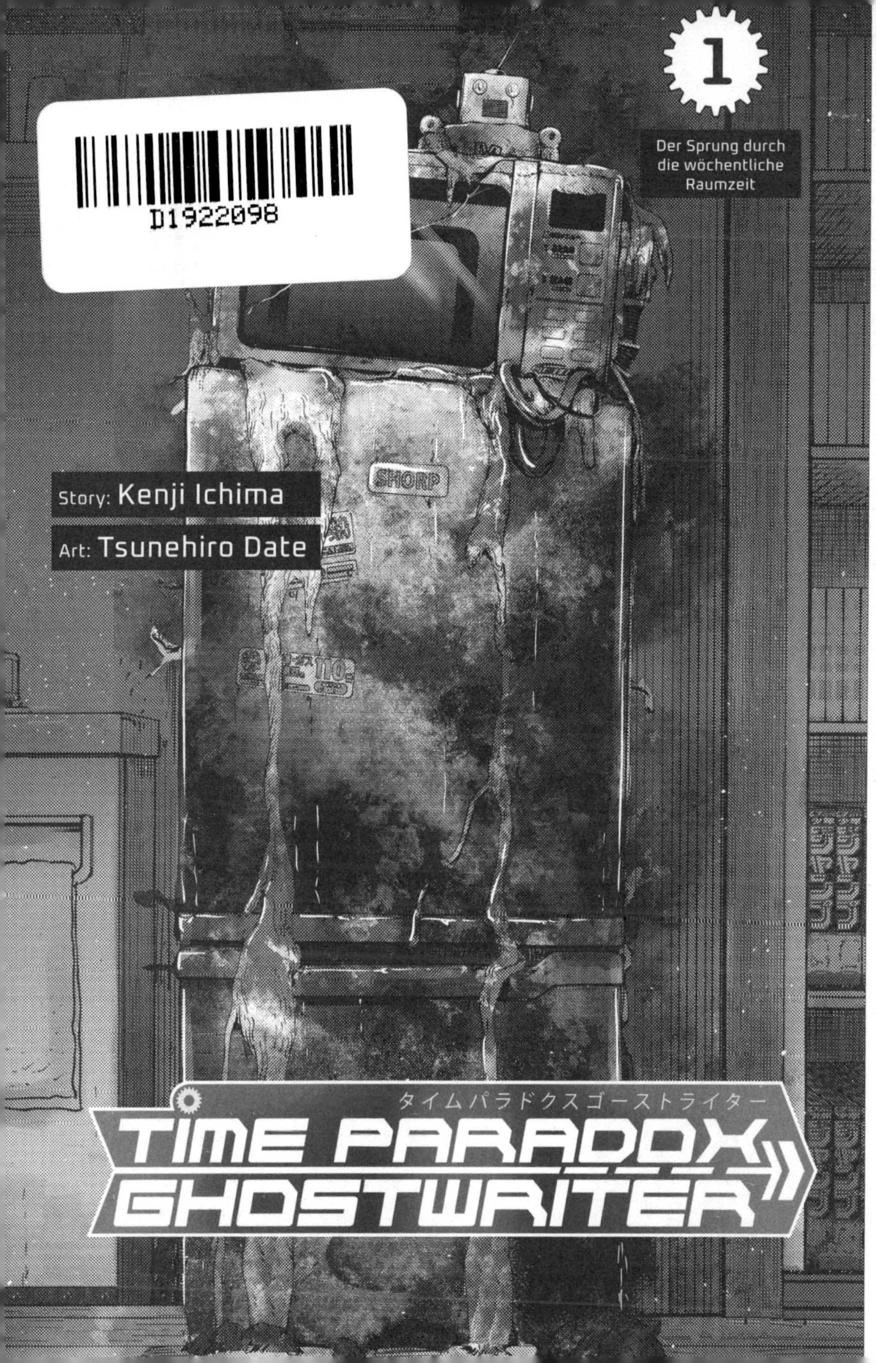

タイムパラドクスゴーストライター

TIME PARADOX GHOSTWRITER

タイムパラドクスゴーストライター

TIME PARADOX GHOSTWRITER

Inhalt

1

Der Sprung durch die wöchentliche Raumzeit

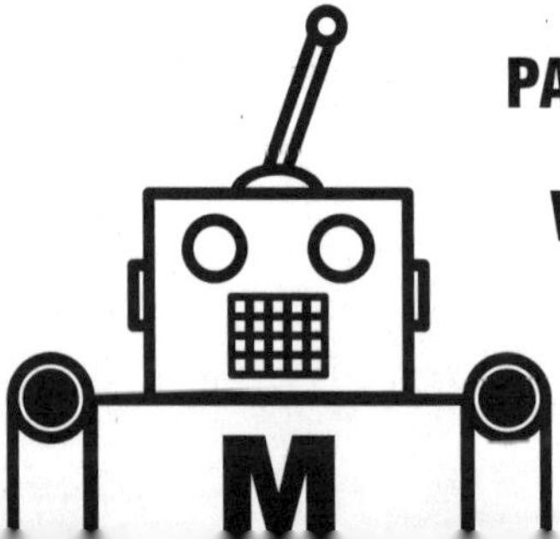

TIME
PARADOX
GHOST
WRITER

Kapitel 1
SSSCH
GROLL
PING
ZUCK
PSCHAAA
Haah
Haah
PSSSCH

Seit diesem Abend schickt mir meine Mikrowelle...
... jede Woche die neue Ausgabe der Shonen Jump. Und zwar zehn Jahre aus der Zukunft...
99:99
850W
SHORP
1
Der Sprung durch die wöchentliche Raumzeit

2020
MAI

タイムパラドクスゴーストライター
TIME PARADOX GHOSTWRITER

Jeder Mensch greift einmal nach den Sternen...
... und träumt davon, sich einen dieser Sterne zu schnappen.
Profisportler? Star? Schauspieler? Oder Model?
Jeder hat mal einen Traum.
Aber...
... nur wenige strecken wirklich die Hand nach ihrem Stern aus.
Haah...
Haah...
Und es sind noch weniger...
... deren Hand den Stern erreicht.

Und noch viel, viel weniger Menschen können ihren Stern schließlich ergreifen!
GRAPP
Yay!
Ich hab ihn!
FLUPP
Ah!
Shit!
BONK
Aaah!! Ist alles okay?!

Ja, keine Sorge! Der Ballon ist nicht kaputt!
Ääh... Den hab ich nicht gemeint!
Hier, bitte! Lass ihn nicht mehr los, ja?
Okay! Danke!
Vielen lieben Dank! Kann ich mich irgendwie erkenntlich...
Nein, ist schon gut!
Ich hab grad wertvolle Erfahrung gesammelt! Das könnte guter Stoff für meinen Manga werden!
Ma... Manga?
Ich muss los, sonst komm ich noch zu spät zu meinem Termin! Bis dann!

Der Verlag Shueisha
Die Redaktion der Weekly Shonen Jump
Seit der ersten Ausgabe 1968...
週刊
少年
WEEKLY JUMP
... hat dieses Manga-Magazin zahllose Hit-Serien hervorgebracht.
In dieser Redaktion entsteht die Weekly Shonen Jump.

Hier sitze ich nun, in einem Meetingraum der Redaktion...
Ich heiße Teppei Sasaki und bin 24.
Ich bin ein aufstrebender Mangaka und träume davon...
... mir meinen Stern zu schnappen und in der Shonen Jump, die ich schon seit meiner Kindheit verehre, an eine Serienveröffentlichung zu kommen.
FLAPP FLAPP FLAPP FLAPP
Kikuse (Der Ansprechpartner in der Redaktion für Teppei)
Der liest das mal wieder ziemlich schnell durch...
Man muss ein Prozedere durchlaufen, bis die eigene Serie in einem Magazin erscheint.
Newcomer-Preis
One-shot-Manga
Mangaserie
Nicht nur in der Jump läuft das so ab.

Der Entwurf dient als eine Art Drehbuch für den Manga. Manche Mangaka schreiben dafür nur Dialoge, andere hingegen arbeiten ihren Entwurf so detailliert aus, dass er fast schon ein fertiger Manga ist.

OK!
R
Z
Alle Entwürfe, die ein Okay bekommen haben, werden für das Redaktionsmeeting zusammengetragen.
Im Meeting werden dann noch mal die besten Entwürfe herausgepickt.
R
Redaktionsmeeting
Nur die, die am Ende übrig bleiben, können veröffentlicht werden.
Veröffentlichung beschlossen!
Z = Zeichner*in, R = Redakteur*in
Aber solange nicht vorher der zuständige Redakteur einen Entwurf zugelassen hat, wird dieser nicht mal zum Redaktionsmeeting mitgenommen – das heißt, der Manga wird niemals erscheinen!
Abgelehnt.
DOOONG
Redakteur
Zeichner
Das bedeutet also, dass der Entwurf abgesägt wurde.
Seitdem ich den Newcomer-Preis gewonnen habe, wurden alle meine Entwürfe von diesem Redakteur abgelehnt.
Seit vier Jahren ist das schon so… Vielleicht bin ich einfach nicht talentiert genug.
Aber ich werde nicht aufhören, nach meinem Stern zu greifen!
An diesem Entwurf habe ich zwei Monate gesessen und viel Mühe reingesteckt!
Den wird er garantiert nicht einfach so ablehnen!

Okay...
FLAPP
Absolut uninteres-sant.
Äh?!
Stink-normales Setting und total flache Charaktere. Langweilig.
Also, nichts daran ist extrem schlecht.
Aber es ist auch nichts gut daran, was noch viel schlimmer ist!
A... A... Also heißt das...
A...
Ab...
Abgelehnt, oder was?
Jepp, abgelehnt.
KATACK
Dein Manga ist einfach viel zu normal, Sasaki-kun.
Das ist nichts Besonderes. Zeichne etwas, das außer dir niemand sonst zeichnen kann!

So. Das wär's dann, denke ich.
Das kann ich nicht ins Meeting mitnehmen.
Bis dann!
Hä?! Das war's schon?!
Sorry, ich hab echt 'ne Menge zu tun.
Du willst bloß eine rauchen!
Also hat mein Manga gegen eine Zigarette verloren, oder was?! Das kotzt mich so an!
KRIIK
ZUCK
Hm?
Was ist?
Könnten Sie nicht morgen noch mal drüberschauen?!
Ich bring einen neuen Entwurf mit!!

Hä? Morgen?
Kannst du denn noch mal 47 Seiten zeichnen?
Ich schaff das!
Das kommt ganz schön plötzlich.
Ich hab echt viel zu tun!
Ich werde ...
... alles daranset-zen, dass mein Manga ins Meeting kommt!
Haaach...
Okay, komm um 13 Uhr.
Ich schau's mir an, falls ich Zeit habe.
DRÜCK
Vielen herz-lichen Dank!!
Jaja.
WUSCH

KRITZEL
KRITZEL
KRITZEL
KRITZEL
Neben dem Hauptmagazin Shonen Jump wird regelmäßig eine Sonderausgabe herausgebracht, in der viele One-Shot-Manga von Newcomern präsentiert werden.
In zwei Tagen findet dafür ein Meeting statt und die Deadline für die Einreichung von Entwürfen ist morgen!
KRITZEL
KRITZEL
Von dem Entwurf, den ich heute präsentiert habe, war ich total überzeugt. Ich hätte echt nicht gedacht, dass er komplett durchfallen würde...
KRITZEL
OMO
KRITZEL
KRITZEL
今まで食った
モンの中で
Ich dachte, ich könnte noch mal hier und da den Entwurf ändern und ihn dann für das Meeting einreichen.
KRITZEL
Das war naiv...
KRITZEL
KRITZEL
KRITZEL
KRITZEL
KRITZEL
Ich zeichne schon seit zehn Jahren Manga. Kann ich nicht mal meine eigene Arbeit objektiv einschätzen?!

KRITZEL KRITZEL KRITZEL KRITZEL KRITZEL KRITZEL KRITZEL KRITZEL KRITZEL KRITZEL KRITZEL KRITZEL
In drei Tagen, also einen Tag nach dem Redaktionsmeeting...
... werde ich 25 sein.
Alle meine alten Schulfreunde haben schon längst feste Jobs.
Ich bin wahrscheinlich der einzige, der keine Ahnung hat, wie er nächsten Monat seine Miete zahlen soll!
Wie lange darf so ein durchschnittlicher Mensch wie ich...
... noch weiter nach seinem Stern greifen, ohne endlich mal was vollbracht zu haben?

KRITZEL
KRITZEL
KRITZEL
KRITZEL
KRITZEL
KRITZEL
KRITZEL
KRITZEL
KRITZEL
KRITZEL
KRITZEL
KRITZEL
KRITZEL
KRITZEL
KRITZEL
KRITZEL
Ge-
schafft
...
Gut,
dann lese
ich mal!
Ganz
objek-
tiv...
FLUPP
FLUPP

Hm! Das ist klasse!
Das nimmt er bestimmt!
Aah!!
Shit!!
Ich komm zu spät!!
TAPP TAPP TAPP TAPP
Sich an einen Zeitplan zu halten ist das Allermindeste für einen Mangaka!!
Mion
PSSSCH
Gerade noch so geschafft!
Haah...
Haah...
Wenn ich einpenn, verpass ich meine Station!
TSCHICK
Nächster Halt: Jinbocho!
神保町駅
Jimbocho Sta.

Ich schau noch mal kurz drüber, bevor Kikuse-san hier ist.
Seit dreieinhalb Jahren gehe ich immer wieder in diesen Meetingraum und warte.
RUBBEL
So, da bin ich.
KRATZ
Dann schauen wir mal.
Okay! Vielen Dank!
Jaja.
RATTER
Diesmal scheint er nicht so schnell wie sonst zu lesen...
Okay. Ich hab's durchgelesen.
TAPP TAPP
Und...
Und...
Und was sagen Sie dazu?!

Das ist ein völlig flacher Entwurf.
FLAPP
Absolut nichtssagend.
...
Äh...
Was findest du denn daran interessant?
Sie haben... gestern gesagt, dass meine Figuren langweilig seien...
... also hab ich diesmal darauf geachtet, dass sie Persönlichkeit haben.
Figuren mit Persönlichkeit sind aber nicht automatisch interessant.
Und diese Charaktere haben nicht mal Persönlichkeit!
Die habe ich schon eine Million Mal woanders gesehen!
Die sehen anders aus, okay. Aber wenn man das Gefühl hat, die schon mal irgendwo gesehen zu haben, macht sie das sofort uninteressant.
Du musst also Figuren erschaffen, die die Leser noch nie vorher gesehen haben.
Die hier könnte jeder schreiben. Sogar ich!
Wir brauchen nichts, was wir selbst machen können. Wir wollen Mangaka, die einen ganz eigenen Stil haben!

Hast du nichts, was du den Lesern mitteilen willst? Eine Botschaft oder so was?
Irgendwas, das nur du vermitteln kannst!
I... Ich will einfach nur mit meinem Manga...
... viele Menschen unterhalten...
Aber wen denn? Wer würde denn mit einem Manga Spaß haben, den wirklich jeder machen könnte? Du unterschätzt die Leser da draußen!
TAPP
TAPP
Statt immer so was Belangloses zu zeichnen, solltest du dafür sorgen, dass das Setting und die Charaktere total außergewöhnlich sind!
Meinetwegen mehr Erotik, mehr Bizarres! Keine leichte Kost! Du wirst dann mit deinem Manga nur wenige Leser erreichen, aber er wäre es immerhin wert, gelesen zu werden.
Also heißt das... ich soll so was zeichnen?
Das wäre auf jeden Fall besser als das hier.
Aber...
... ich will einen Manga zeichnen, für den sich wirklich jeder begeistern kann!

Wenn du nur das machen willst, was du möchtest, und dafür auch noch um Bestätigung bettelst...
... solltest du vielleicht wieder in deine Heimat zurückkehren und dich von deiner Familie und deinem kleinen Fanklub umjubeln lassen.
Ich denke, das wär's dann.
Das kann ich auch nicht mitnehmen.
Hahaha! Okay, das kommt ins Meeting!
Also, bis dann.

BUCHHANDLUNG JINBO
YOSHINO
PLAPPER
PLAPPER
PLITSCH
PLITSCH
SSSSCH
SSSCH
REGENSCHIRM 550 YEN
10 % RABATT AUF ODEN UND ONIGIRI
Für den Preis vom Schirm könnte ich Essen für fünf Tage kaufen...
REGENSCHIRM 550 YEN
SSSCH
10 % RABATT AUF ODEN UND ONIGIRI

SSSSCH
GROLL
TANIOKA APARTMENTS SUCHT NEUE MIETER!
SSSSCH
Eine Manga-schule?! Damit wirst du doch keine Arbeit finden!
Doch, ich werde Mangaka!
Ich mein's ernst!
Cool! Okano ist echt in die engere Auswahl gekommen!
D... Du bist eben total begabt, Okano!
Oh Mann. Ich muss mich beeilen!

Ja, hier Sasaki?
Was? Ich hab gewon-nen?!
Jaaaaaa!!
PLITSCH
TOD DEN ROBOTERN!
VON TEPPEI SASAKI (20) AUS GIFU
Hehe! Ich hab gegen dich verloren. Du bist der Begabtere, Sasaki.
Hier, für dich.
Was ist das?
Future-kun, der Roboter aus der Zukunft!
Nein, im Ernst! Was soll das sein?
ABSCHLUSSFEIER DER KASHIWAGI-SCHULE
Im Song heißt es doch, »Die Zukunft liegt in unseren Hän-den«!
Ich hab keine Ahnung, was du meinst!
Dann hör dir die CD von The Blue Hearts an!
Ha-ha-ha-ha!
Also, pass auf dich auf!
Melde dich, falls du mal Geldsorgen hast!
BING
BING
Ich komm schon klar.
Ich werde einfach jobben!
BING
BING

地下鉄 丸ノ中線
地下鉄 東北西線
丸の中南口
京葉線
TAPP
Ab heute ...
Ab heute geht's los!
Über die Feiertage nach Hause? Also... Mein Chef hat mich gebeten, die Schicht zu übernehmen... Jepp! Hm!
Ich hab doch schon gesagt, dass ich kein Geld brauche!
Äh, nein. Ich zeichne wieder was fürs nächste Meeting... Jepp!
Du kannst jederzeit wieder nach Hause kommen!
Okay. Haha...
Danke.

Ich öffne jetzt meinen Mund...
... und hole tief Luft. Wenn mir dann...
... »Ich gebe auf!« über die Lippen kommt...
... gebe ich wirklich auf.
GROLL
SSSSCH
...
FUUUH

Ich gebe a...
BADOOOOOOOMMM

Gahaaaaaah!
Aaaaaaaaah!!
I... Ist hier ein Blitz...
... ein-geschla-gen?!
FYUMM
Neiiiin!!
FYUMM
Was mach ich jetzt?!

PLATSCH
So ein Glück, dass ich einen Wassereimer dahab!!
Haah...
Haah...
Hah!!
GRAPP
Was zum...?! Die Kühlschranktür ist angeschmolzen!
Sie geht nicht auf!
Und die Mikrowelleee!!
Kann ich die noch benutzen?!
BLORTSCH
Und sogar Future-kun, den mir Okano geschenkt hat!!
Er war für mich so was wie eine seelische Stütze!!
Fu tu uuure...
FLUPP
Haah...
Haha... Was geht hier gerade ab?
Ich war kurz davor, das Handtuch zu werfen...

PING
SHORP
ZUCK

PSCHAAAA
SSSSCH
Hä?
Äh...
Es hat gerade »Ping« gemacht.
Moment, warum hat es »Ping« gemacht? Was hast du denn aufgewärmt? Und wie?! Du bist doch total hinüber!
Ja, du bist kaputt! Und ich hab auch nichts reingelegt ...
SHORP
Okay...
Wenn sie schon »Ping« gemacht hat...
... kann ich auch mal reinschauen.

KLACK
?!
Häää?
Eine Ausgabe der Jump?!
Was macht die denn hier? Oh Gott... War ich gestern Nacht so überarbeitet, dass ich eine Jump in die Mikrowelle gelegt habe?
Welche Nummer ist das denn? Ich kann mich gar nicht an diese neue Serie erinnern! Oder hab ich noch Ausgaben, die so alt sind, dass ich sie nicht mehr im Gedächtnis habe?
Hm?
2030?
2030
24
...
2020
MAI
Wir haben das Jahr 2020... Ganz sicher...
ASPARA GAS

Haah!!
FLAPP
Ha-ha-ha-ha-ha-ha!!
Was läuft hier?!
Ist das deine Zukunftspower, Future-kun?!
SSSCH
Ha-ha-ha-ha-ha-ha!!
Ha-ha-ha...
Was geht hier bloß ab?
»Versteckte Kamera«?
Ja... Das muss »Versteckte Kamera« sein!
Das Cover ist nicht echt...
... und innen ist die normale Jump!
KRIECH

FLUPP
FLUPP
Nein, das gibt's nicht!
FLUPP
FLUPP
Ich kenne keinen einzigen dieser Manga!
Spinn ich?!
Klar, nach zehn Jahren können vollkommen andere Serien in der Jump sein, aber...
Hä?
Ist das etwa echt eine Jump, die erst in zehn Jahren erscheint?
Wie zur Hölle ist das möglich?
FLOPP
ZITTER
Die neue Serie »White Knight« von Itsuki Aino.
Den Namen hab ich noch nie gehört. Ist das jemand, der erst in zehn Jahren bekannt ist?

TROTT
SCHWANK
FLAPP
SCHWANK
SSSCH
KLA
CK

KRRSSSCH
Der absolute...
...Oberhammeeeeer!!
Was ist das denn bitte?! Das ist ja megakrass!! Die Figuren, das Setting und der Spannungsbogen... Alles perfekt!! Ich hab absolut gar nichts an diesem ersten Kapitel auszusetzen! Und ich musste noch nie beim ersten Kapitel eines Manga heulen!!
Eine Welt, die von einer Art Katastrophe namens »Immerwährende Nacht« heimgesucht wird... Damit die Nacht wieder enden kann, muss der »Geist«, der die Nacht beherrscht, besiegt werden. Ein simples, aber originelles Setting mit einer total klassischen Story! Während der laufenden Handlung gibt es grandios angedeutete Ereignisse, die später noch aufkommen werden, und menschliches Drama... Es wird detailliert gezeigt, wie die Hauptfigur eigentlich lebt! Und man kann bei dem Plot nachvollziehen, wie er sich fühlt! Diesen Autor kann man einfach nur als genial bezeichnen!
ZITTER
SSSCH
Vor allem ist das so ein cooler Hauptcharakter! Er ist erfrischend und ein guter Kerl, was ihn natürlich sympathisch macht! Gleichzeitig hat man mit ihm Mitgefühl, weil er so eine schwere Kindheit hinter sich hat! Er lässt sich davon aber nicht unterkriegen, sondern lebt sein Leben in vollen Zügen! Das gipfelt im Höhepunkt des Kapitels, wo er sich in der Kampfszene am Ende doch noch aus der Klemme befreien kann! Es gibt garantiert niemanden, der bei diesem Manga nichts empfindet!!
Krass!! Ich zittere schon, wenn ich an ihn denke!!
TAPP
TAPP
O... Okay! Ich lese ihn noch mal!!
Die Jump muss auf dem Kühlschrank liegen!

Was?! Sie ist weg?!
Ich hab sie doch hier abgelegt!
Wo ist sie?
Wo ist die Jump?!
...
...
Haha...
Ich bin so däm-lich...
Natürlich gibt es keine »Time Slips« oder so was!
Ich bin einfach durch das nächt-liche Durcharbeiten verwirrt und hab geträumt oder halluziniert!
Hm...
War das ein Traum oder eine Halluzi-nation?

Aber auch wenn ich nur geträumt oder halluziniert haben sollte, eins steht fest...
»White Knight«...
...ist ein Manga-Meisterwerk!
RATTER
Was hocke ich hier noch so dämlich rum?!
Ich muss ihn sofort zeichnen!!
Ist mir egal, ob es nur ein Traum war! Der Manga ist trotzdem in meinem Kopf entstanden!
Nach all den Jahren, in denen ich an nichts anderes als Manga gedacht habe, kann ich jetzt Entwürfe im Schlaf ausarbeiten!
Mein Unterbewusstsein hat nun die Oberhand über mein normales Bewusstsein bekommen und einen großartigen Entwurf hervorgebracht, den ich sonst nie hingekriegt hätte! Ja, so muss es gewesen sein!

Aber um aus dem ersten Kapitel des Manga einen kompletten One-Shot-Manga zu machen, muss ich es kürzen. Das Kapitel hatte 54 Seiten und ein One Shot hat 47. Das heißt, ich muss sieben Seiten weglassen... Ich könnte die Anzahl der Figuren verringern. Das könnte was werden, wenn nur der Held, die Heldin und der Meister des Helden übrig bleiben. Ich sollte einfach die anderen Charaktere entfernen... Und erklärende Passagen, die für den weiteren Verlauf der Serie wichtig sind, können auch weg. Ähm... Und dann noch...
Ich mag diese Figur, aber vielleicht sollte ich sie weglassen.
Schade um die Szene, aber die muss weg!
Meine Manga wurden schon so oft abgelehnt, da bin ich es gewohnt, radikal zu kürzen!
Dieser Satz könnte kürzer sein. Das Japanisch in dem Satz klingt seltsam, aber das muss auf jeden Fall so bleiben!
»Die Sätze müssen nicht logisch, sondern voller Gefühl sein!«, hat mein Lehrer immer gesagt. Das ist ja auch kein Japanisch-Lehrbuch für die Schule!
KRITZEL
Ich denke, ich könnte das ganze Setting einfach simpler machen.
Je weniger Details, desto besser!
So könnte ich der Hauptfigur noch mehr Raum geben und den Text weiter kürzen.
Es ist echt schwierig, auf einer begrenzten Seitenzahl alles unterzubringen, was man zeigen will. Aber ich krieg das hin!
Äh... Und dann...
KRITZEL

STRAHL
Ah...
Ach ja, ich hab mit Kikuse-san gar kein Treffen vereinbart!
Nach den zwei Nächten Arbeit ist mein Hirn Matsch...
Ja, Sasaki-kun? Was gibt's denn?
Entschuldigen Sie die Störung, aber hätten Sie eine Minute Zeit, um sich meinen Entwurf anzu-sehen?
Ich hab diesmal was echt Gutes gemacht!
Hä? Jetzt gleich?
Du rufst mich deshalb einfach so an? Außerdem war die Deadline gestern! Das geht so nicht!
Aber das Redaktionsmeeting fand noch nicht statt, oder? Ich bitte Sie! Wenn es wieder nicht klappt, werde ich Manga für immer aufgeben!
Hää?
SHUEISHA
BIEP
Ist mir doch egal! Dann hör halt auf!
SSST
SSST

Hey, warte mal!
Kannst du dich ausweisen?
TAPP TAPP
Sorryyy!!
Hey!!
Es ist wirklich passiert!
Der wird die ganze Welt auf den Kopf stellen!
Ich hab einen unglaublich guten Manga gezeichnet!
Ein Wunder ist geschehen! Darum, bitte...!
Kikuse-san!!
WUSCH
?!
Sasaki-kun?!

Mein Entwurf!
Bitte lesen Sie ihn!!
Was zum...
Was willst du von mir?!
Bitte lesen Sie ihn! Ein Wunder ist geschehen!
FWAMM
Hä? Ein »Wunder«? Was laberst du?!
Ich bitte Sie! Lesen Sie ihn!
Nur noch dies-es eine Mal!!
Hey!!
FLUPP
Mann, es reicht!!

Hör auf zu nerven!
FLAPP
FLAPP
Du hast null Talent, okay?!
Deine Manga könnten genauso gut aus leeren Seiten bestehen!
Auf den Seiten ist absolut nichts zu sehen!
Ich hab mir die immer nur aus Höflichkeit angeguckt! Komm nicht mehr her, okay?!
Was für ein »Wunder« soll bitte geschehen sein?!
So ein talentloser Typ wie du wird nicht einfach durch ein Wunder zum Mangaka!!
So läuft das nicht! Glaubst du etwa, Mangaka sein ist ganz easy?!

Wow!
Ch... Chef!
Der... Chef-redakteur?
Kikuse!
Nicht schlecht! Du kannst also sehen, wer Talent hat und wer nicht?
Ich mache das hier seit 20 Jahren und kann das immer noch nicht!
Wow, super!
D... Das war ...
Sorry, ich hab den Mund zu voll ge-nommen.
Und nun zu dir.
Du kannst nicht einfach ohne Erlaubnis in unser Büro reinspa-zieren!

Ich bitte... vielmals um Entschuldigung...
Warum hast du das denn gemacht?
Du hättest doch das nächste Meeting abwarten können!
Ich hab so lange... gewartet...
... und gewartet...
Darauf gewartet, dass ich endlich...
... ein Mangaka sein kann.
Aber es klappt einfach nicht.
Und wenn es heute wieder nicht klappt ...
... lasse ich es für immer bleiben.
Du hast eine Straftat begangen, hörst du?
!

Na ja!
Aber ein Manga ist keine Straftat! Ich werde ihn lesen!
Ich mochte deinen Manga, der damals den Preis gewonnen hat, Sasaki-kun!
DOO
ONG
Hm?
Er kann sich an den Manga von vor vier Jahren erinnern?
FLUPP
FLUPP
Hmm...
Das können wir nicht...
... in der Sonderausgabe abdrucken.
!!
Schon wieder abgelehnt?!

Das muss in der regulären Ausgabe erscheinen!
Er ist gut!
Ein großartiger Manga ist das!
Äh...
Hä?!
Was?
Im Ernst?!
Arisawa-kun! Kopiere den Entwurf!
FLAPP
O... Okay!
So was hat der Chefredakteur noch nie gesagt, oder?
LABER
Was ist das bloß für ein Entwurf?!
Zeig mal her!
LABER

WOOOOW!
Wooaaaah! Krass!
Was ist das denn?!
Heftig... Ich weine das erste Mal wegen eines Entwurfs!
Das wird ein Riesending! Das muss sofort als Serie erscheinen!
J... Ja, das ist echt krass.
Wer ist dieser Sasaki? Ist der echt nur ein Newcomer?
I... I... Ist d... das...
... wirklich von dir, Sasaki-kun?
Ja!
Das hab ich gezeich-net!
N... Na ja, mal sehen, wie die Leser darauf reagieren.
Ach, das wird ga-rantiert super ankommen!

Wenn wir uns alle einig sind, müssen wir es nicht mehr im Meeting besprechen. Wir drucken den Manga direkt im nächsten One-Shot-Segment ab!
Daraus wird sicherlich eine richtige Serie, also überleg dir, wie es weitergeht!
Muneoka! Du bist Sasakis Ansprechpartner!
Äh, ich? Echt? Yes!!
W... Was ist mit mir, Chef?!
Du meintest doch, dass du nicht mehr mit ihm zusammenarbeiten willst!
Selbst schuld!
Wie dreist!
PATT PATT
Hi, Sasaki-kun!
Muneoka hat's gut!
H... Hallo! Sehr angene...
FLUPP
PLONK
Jaaa...
Mein Debüt ...
Sasaki-kun! Alles okay?!
Endlich...
... sehe ich Licht am Ende des Tunnels...
Haaaah...

Ich fuhr wieder in meine alte Heimat, um dort den Manga qualitativ hochwertiger zeichnen zu können.
Sorry, Okano. Future-kun ist bei einem kleinen Feuer weggeschmolzen!
Was?! Willst du mich verarschen? Na ja, zum Glück ist dir nichts passiert.
Hahaha!
Meine Freunde von der Mangaschule, die damals schon so fleißig waren, halfen mir mit den Hintergründen und dem Rastern.
Ich frag mich...
... wie viel von dem Manga eigentlich geträumt ist?
47 SEITEN, DIE ERSTEN IN FARBE!
Mein Debüt »White Knight« übertraf sogar alle anderen Serien in der Shonen Jump...
... und landete bei der Leserumfrage auf Platz 1!
Das ist bei One Shots noch nie passiert.
TEPPEI SASAKI
Ich wollte erst mal bei meinen Freunden bleiben und fuhr deshalb noch nicht nach Tokyo zurück...
... darum wusste ich nicht, was dort geschah...

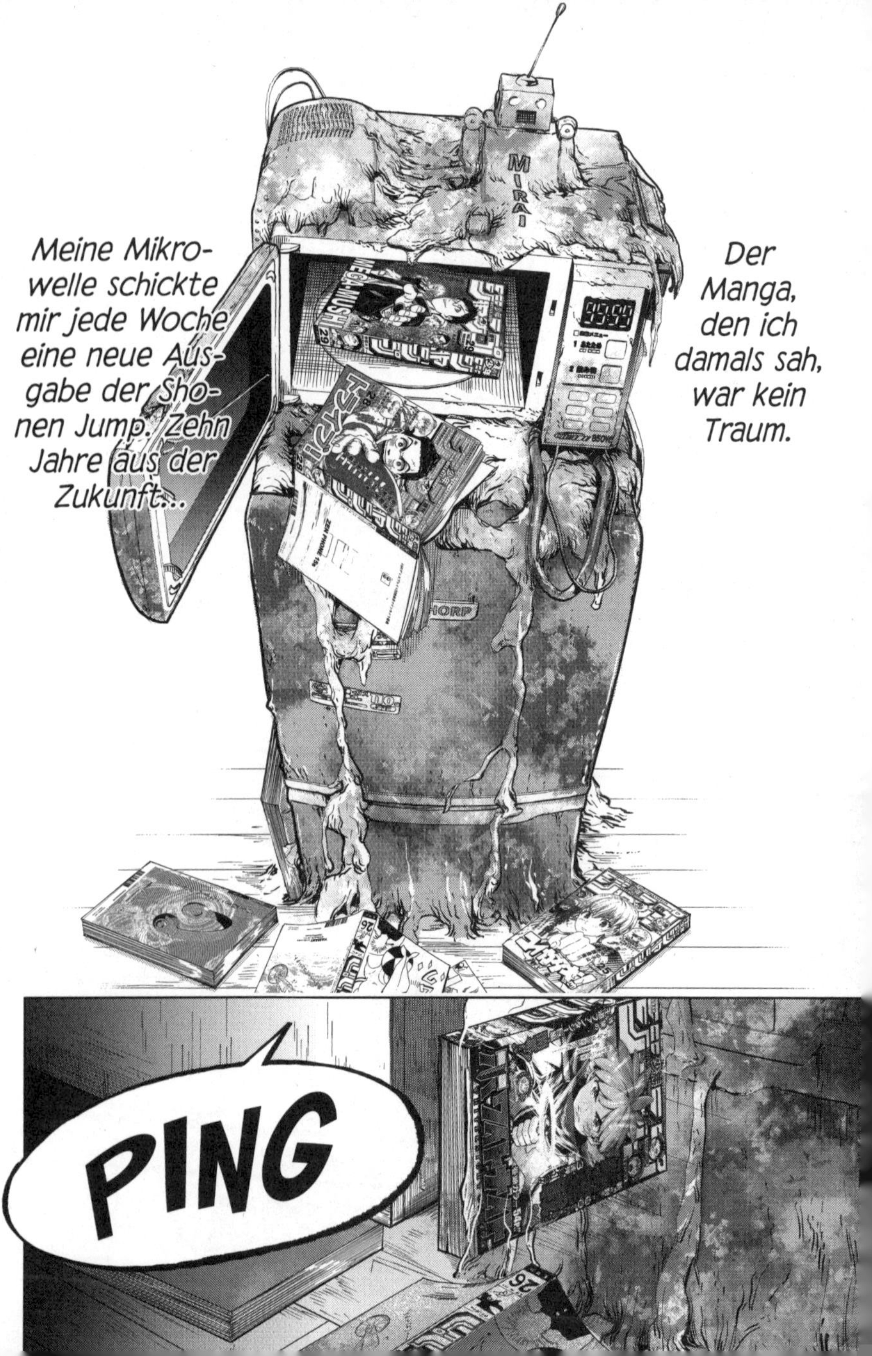

MIRAI
Meine Mikro-welle schickte mir jede Woche eine neue Aus-gabe der Sho-nen Jump. Zehn Jahre aus der Zukunft...
Der Manga, den ich damals sah, war kein Traum.
PING

Präfektur Kochi
Hast du gehört, Icchan?
Ich hab dir die neue Jump gekauft!
Ich leg sie vor deine Tür.
Und iss bitte auch was!
RATTER
BANG
WUPP
...
Hä?

Was macht denn mein »White Knight«...
... in der Shonen Jump?
Itsuki Aino, 17, zweites Schuljahr der Oberstufe (verweigert die Schule)
Titel:
- White Knights
- White Knight
- Night Knight
TOKYO MHAN
EIN NEWCOMER LIEFERT DEN ACTION-HIT!
»WHITE KNIGHT« VON TEPPEI SASAKI –
47-SEITEN-ONE-SHOT
(DIE ERSTEN SEITEN IN FARBE!

Das ist...
... eine Geschichte, die für die Zukunft bestimmt ist.
Eine Geschichte, die nicht hätte sein dürfen...
... und den-noch immer weiter Rich-tung morgen schreitet.
DAS WERDE ICH DIR NICHT VERZEIHEN...
... TEPPEI SASAKI!
Fortsetzung folgt...

Ich sag dir mal was... Die Figur ist jetzt eine Rarität!
Bei Auktionen kannst du dafür gut 100.000 Yen verlangen!
Waaaas?!
Oh Gott, tut mir leid...

ASPARA GAS
BRRZZZ
BRRZZZ
BRRZZZ
BRRZZZ
BRRZZZ
Viele Geschichten gelangen irgendwann an einen Punkt, an dem es kein Zurück mehr gibt.
BRRZZZ
BRRZZZ
Dabei muss der Protagonist eine Entscheidung fällen: Geht er weiter oder kehrt er um, zurück in sein altes Leben?
BRRZZZ
SHORP
BRRZZZ
2
Die Geschichte, die alles in Gang setzte

Und an welcher Stelle...
Das...
... gab es für mich kein Zurück mehr?!
... gibt's nicht ...
Moment...
KRAMM
»WHITE KNIGHT« VON TEPPEI SASAKI
47-SEITEN-ONE-SHOT
DIE ERSTEN SEITEN IN FARBE!
Heißt das also, dass mein »White Knight«...
BRRZZZ BRRZZZ BRRZZZ BRRZZZ BRRZZZ
Das war...
... also kein Traum?!

...ei...
ei... ein...
... Plagiat ist?!
Moment... Das ist doch eine Serie, die erst in zehn Jahren rauskommt. Sie existiert noch nicht!
Ich richte damit also keinen Schaden an, oder?
Nein, das spielt überhaupt keine Rolle! Der Manga ist aus dem Herzblut und der Seele eines anderen Menschen entstanden...
... und ich hab ihn geklaut! Was mach ich denn jetzt?!
Waaaah!! Was hab ich da nur angerichtet?!

PING
Ich verstehe... Das Ding ist eine Zeitmaschine!
Vielleicht hab ich noch etwas viel Schlimmeres angestellt?
Weil »White Knight« nun früher veröffentlicht wurde, könnte es sein, dass ein Zeitparadoxon entstanden ist und der Manga zehn Jahre später nicht mehr erscheint...
Kurz gesagt: Ich hab vielleicht die Zukunft verändert!

PATT
Nein, halt... »White Knight« ist noch in der Jump! Kapitel 7...
EIN KOSTBARER, FLÜCHTIGER MOMENT...
Und immer noch vom selben Mangaka, Itsuki Aino!
KAPITEL 7
WHITE KNIGHT
ITSUKI AINO
2020
2030
Die Zukunft bleibt also unverändert, obwohl die Gegenwart so drastisch verändert wurde?
verändert
»WHITE KNIGHT«
als One Shot von Teppei Sasaki
unverändert
»WHITE KNIGHT«
als Serie von Itsuki Aino
Dass es diesen Widerspruch gibt, bedeutet...
Mai 2020
... dass die Zeit...
TEPPEI SASAKIS »WHITE KNIGHT«
neuer Zeitverlauf
ITSUKI AINOS »WHITE KNIGHT«
ursprüngliche Zeitachse
... in zwei separate Zeitachsen geteilt wurde!

Wenn es nur einen Zeitverlauf gibt...
... und über einen Time Slip dessen Gegenwart verändert wird, müsste sich ja auch dessen Zukunft ändern!
?
TEPPEI SASAKI
Aber die Zukunft wurde nicht verändert. Vielleicht ist eine Parallelwelt entstanden, als die Mikrowelle das erste Mal die Jump ausspuckte.
PING
Transfer
ursprüngliche Zeitachse
2030
Parallelwelt
Und in diesem neuen Zeitverlauf habe ich »White Knight« veröffentlicht!
Die neuen Ausgaben der Jump aus der anderen Welt springen also weiterhin per Mikrowelle durch die Zeit...
ursprüngliche Zeitachse
... in meine Welt.
Ping
Ping
Ping
Parallelwelt
Aber nur vielleicht! So was weiß ich nämlich nur...
... aus Sci-Fi-Storys.
Ich schnall's nicht. Wie kann so was passieren?
Haha... Eine Zeitmaschine. So ein Schwachsinn!

Ich hab deine Geschichte gelesen. Die war sooo toll!
Ich musste richtig weinen!
Sorry wegen neulich.
Ich wusste nicht, dass so viel Talent in dir schlummert!
Du bist echt genial, Sasaki!
In der Story steckt ganz viel von dir selbst drin!
Nein, das stimmt nicht. »White Knight«...
... ist nicht mein Manga.
Also bin ich doch nur...
... ein total flacher Mensch...

Jetzt kann ich noch umkehren. Ich werde wieder bei null anfangen und versuchen, mit einer eigenen Serie rauszukommen.
Das ist er... Das ist der Punkt, an dem es bald kein Zurück mehr gibt.
KLACK
Deshalb werde ich jetzt...
... diese Sache beenden.
Damit die Zukunft...
... nicht noch weiter verändert wird.
BWWWWWWW
ZUCK
!!

Gaaah!!
WUPP
Ja, hallo, Sasaki hier?!
Hi, Sasaki-kun! Bist du gut in Tokyo angekommen?
Wie läuft's mit dem Entwurf für die Serie?
Muneoka (Teppeis Ansprechpartner in der Redaktion)
Hm?!
Äh... Ah! Der Entwurf für die Serie...
Also... Den hab ich noch nicht...
Aha, alles klar! Kein Problem, wenn er noch nicht fertig ist.
Wir treffen uns wie verabredet um 18 Uhr zum Essen, um die Serie zu besprechen, okay?
Oh, stimmt! Wir wollten uns ja heute treffen!
O... Okay! Wir sehen uns später!
Oh Shit! Ich muss ihm irgendwie sagen, dass »White Knight« nicht als Serie veröffentlicht werden darf!
I...Ich muss mir eine Ausrede einfallen lassen!

I… Ich muss mich beeilen!
BANG
Das Ding kann ich ja noch unschädlich machen, wenn ich wieder zurück bin …
WOOOOOOH

FUGU
UMEMIZUKI
Gratulation zum ersten Platz mit deinem One Shot!
Mann, »White Knight« wird garantiert ein Serienhit!
A... A... Ach ja?
Oh Mann, wie das schmerzt!
Okay, lass mal hören! Hast du schon Ideen für den Entwurf?
!!!
Jetzt geht's los!
Also... Ich hab »White Knight« eigentlich nur als One Shot konzipiert.
Ich hab nicht vor, eine Serie daraus zu machen.
Tut mir leid... Ich will einen neuen Manga anfangen.

Was?! Das wär doch eine echte Verschwendung!
»White Knight« muss unbedingt eine Serie werden!
BAMM
DONG
Und dein One Shot ist so großartig, dass man ihn einfach als erstes Kapitel für die Serie benutzen kann!
Wenn du so eine fantastische Story hingekriegt hast, wirst du sie doch wohl auch fortsetzen können?!
E... Er kann es nicht akzeptieren!
»White Knight« ist einfach viel zu gut!
Klar, es ist ein One Shot mit einem Ende, aber das Ende wirkt so, als wäre es nur der Anfang einer größeren Story.
Ich kann also nicht behaupten, dass es unmöglich wäre, daraus eine Serie zu machen!
»WHITE KNIGHT« VON TEPPEI SASAKI
47-SEITEN-ONE-SHOT, DIE ERSTEN SEITEN IN FARBE!
TEPPEI SASAKI

Ich darf auch nicht so dämlich sein und einfach von der Zeitmaschine erzählen. Wer weiß, was dann passiert!
Ich weiß es sehr zu schätzen, was Sie da sagen...
... aber ich kann den Rest der Geschichte einfach nicht zeichnen.
Wie bitte?!
Und die Hauptfigur? Was wird aus Kazumas Traum?!
Und Sora wird er nie retten, oder was?
Das Versprechen an seinen Meister bleibt dann auch unerfüllt!

Jetzt hör mal zu, Sasaki-kun! Diese Story und die Charaktere...
... sind nicht irgendein sinnloser Schwachsinn!
Die Figuren leben! Sie leben im Manga!
So wie wir von Nahrung und Sauerstoff leben, leben sie von Papier und Tinte!
Und sie atmen! In den Herzen von uns Lesern!!
KATANG
PATT
Oh Gott!
Wenn das...
... mein eigener Manga wäre, wäre ich unfassbar glücklich, das zu hören!

Wäre ich doch bloß niemals so blöd gewesen, den Manga für einen Traum zu halten!!
Aber Muneoka-san...
Sieh dir das mal an, Sasaki-kun!
??
DONG
RASCHEL
!!!
I... Ist das...
... Fanpost?!
Ganz genau! Die Briefe sind für dich! Das ist alles White-Knight-Fanpost!
Das ist das erste Mal, dass wir wegen eines One-Shot-Debüts so viel Fanpost bekommen haben!

Sasaki-kun... Ich weiß zwar nicht, was in dir vorgeht...
... und du musst auch nicht erzählen, was genau los ist.
Aber ich merke...
... dass du gerade vor allem Angst hast.
Ob du mit dem Manga weitermachen willst oder nicht, bleibt allein dir überlassen.
Du musst das ent-scheiden!
Aber eines solltest du wissen: Wir alle würden unser Leben lang darauf warten...
... dass diese großartige Story fortge-setzt wird!

BADUMM
26
27
28
29
BADUMM
»White Knight«...
... ist so gut... so unfassbar gut...
BADUMM

Kapitel 2 ist besser als Kapitel 1 und Kapitel 3 sogar noch besser... Man wird davon regelrecht eingesaugt!
Man kann gar nicht mehr aufhören zu lesen!
Hm? Der Meister hat doch nicht ernsthaft ...
Boah! Krass! Was machst du nun, Kazuma?!
Ach ja! Das wurde schon vorher angedeutet!
Oooaaah! Halt durch, Kazuma!
Uuaa-aah!!
Ooo...
...oo-ooh!!
Nachdem ich alle Kapitel von »White Knight« in den Jump-Ausgaben gelesen hatte, die sich in der Zwischenzeit angesammelt hatten...
... lag ich auf dem Rücken und weinte einfach nur.
WUPP

PATSCH
Ich muss ihn weiterzeichnen!
KRITZEL
KRITZEL
KRITZEL
KRITZEL
KRITZEL
KRITZEL
KRITZEL
KRITZEL
KRITZEL
KRITZEL
KRITZEL
KRITZEL
KRITZEL
KRITZEL
KRITZEL
KRITZEL

Die ersten drei Kapitel hab ich in einen Entwurf verwandelt.
Als Muneoka den durchgelesen hatte, war er so überwältigt, dass es ihn vom Stuhl fegte und er vor Freude weinen musste.
ZITTER
ZITTER
Der ist so mega ...
Ein Meisterwerk!
Ich hab mich entschieden.
Ich bin dazu bereit, die Wahrheit zu verheimlichen und diesen Manga zu veröffentlichen.
Ich habe diese Welt einer Zukunft beraubt, in der Itsuki Aino »White Knight« herausbringt.
Jetzt bin ich der Einzige, der den Lesern diesen Geniestreich liefern kann.
Aber warum kam »White Knight« zu mir?
War das reiner Zufall oder...
Keine Ahnung.
Aber es ist nun meine Pflicht...
... diese Story, die ich begonnen habe, auch bis zum Ende fortzusetzen.

Ich muss den Manga zeichnen, während auf mir diese riesige Schuld lastet...
Ich muss ihn weiterzeichnen und der Welt zukommen lassen.
So lange, bis die Geschichte endet!
Mein Entwurf kam ins Redaktionsmeeting, wo einstimmig beschlossen wurde, dass daraus eine Serie werden soll.
Mir wurde wieder klar, wie gut »White Knight«... und auch Itsuki Aino ist.

Itsuki Aino... Ich frag mich, was dieses Genie jetzt treibt, das erst in zehn Jahren in Erscheinung tritt.
Was ich ihm antue, kann ich gar nicht entschuldigen...
Aber er wird sicherlich einen noch viel größeren Geniestreich als »White Knight« zeichnen.
集英社
Ach... Das sind doch nur Ausflüchte von mir, weil ich mich so schuldig fühle.
Entschuldigung?
J... Ja?
Verzeih mir bitte die Frage, aber...
... bist du Teppei Sasaki?
Ja...
Der bin ich.
Eine Schülerin? Wer ist das?

Ich heiße Itsuki Aino.

Schön, dich kennenzulernen.
Wa...
Wa... Wa... Wa... Wa... Wa...
Wa ...?!
»Wa«?
Was willst du mir sagen?

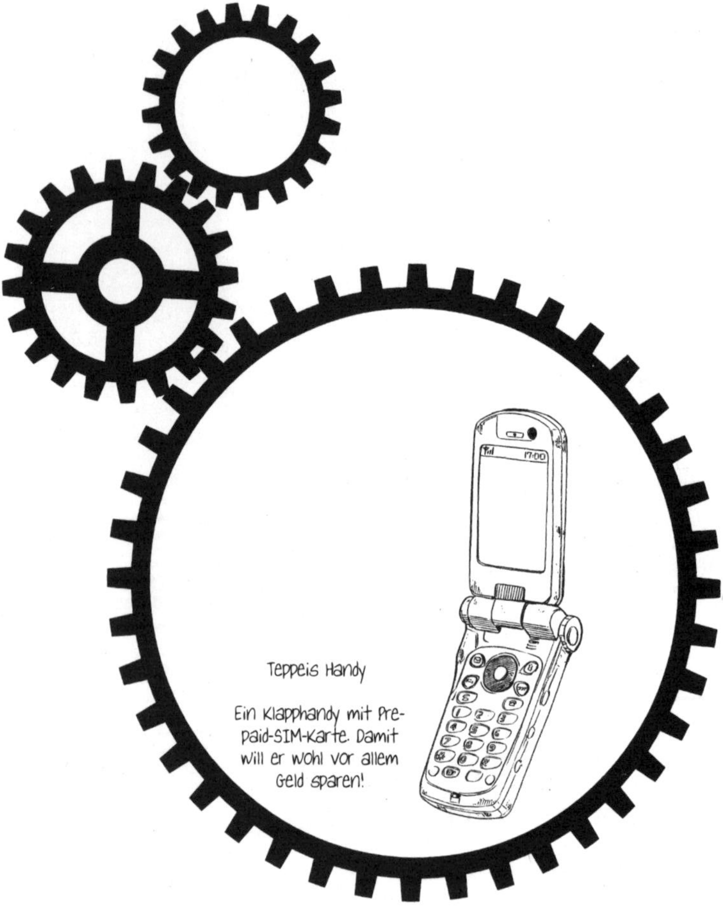
Teppeis Handy
Ein Klapphandy mit Pre-
paid-SIM-Karte. Damit
will er wohl vor allem
Geld sparen!

»Itsuki Aino«?!
Das kann nicht...
Doch nicht etwa die Itsuki Aino, die in der Zukunft den großartigen Manga...
... »White Knight« veröffentlicht?!
3 Vom gleichen Schlag
Nein, nein, das muss eine andere Person mit demselben Namen sein. Ich muss einen kühlen Kopf bewahren!
Und selbst wenn sie das sein sollte, dauert es noch zehn Jahre. Sie hat wahrscheinlich noch nicht mal die Idee für den Manga!
KRAM

Würdest du dir...
... das hier mal bitte ansehen?
»WHITE KNIGHT« – EINREICHUNG FÜR DEN TEZUKA-PREIS, 31 SEITEN
»WHITE KNIGHT« VON ITSUKI AINO
?!
D... D... Das ist ein Entwurf für »White Knight«!!
Der Erzählfluss und die Charaktere unterscheiden sich total vom Manga, der erst in zehn Jahren rauskommt, und er ist auch nicht so gut... Aber der Name und das Setting sind identisch!
A-ba-ba-ba-ba...
ZITTER ZITTER
Ich bin erledigt!
»Abababa«? Was für eine Antwort ist das denn?
Was soll mir das jetzt sagen?

Shit! Itsuki Aino hat schon zehn Jahre früher mit »White Knight« angefangen!
Mit diesem Zeitparadoxon-Ding komme ich nicht davon! Ich bin ein Straftäter! Jetzt kann ich nur noch Seppuku begehen...
So fühle ich mich gerade!
Du...
... hast also echt ...
STARR
Was zum...? Kann sie meine Gedanken lesen?
Kann mich dieses Genie komplett durchschauen?!
ZUCK
Okay, verstehe.
KRAM
Wenn das so ist...
!!!
D... Das ist...

Eine Spitzfeder!
Eine Spitzfeder ist eine Schreibfeder, die man auf einen Federhalter stecken kann. Früher hat man mit ihr geschrieben, aber heutzutage zeichnet man mit ihr vor allem Manga.
Die Feder ist hart und spitz, aber man kann mit ihr sowohl feine als auch fette Linien zeichnen.
Du...
... weißt, was das ist, oder?
Sie ist so spitz, dass schon zahllose Mangaka ihretwegen bluten mussten, weil sie nicht richtig aufgepasst haben!
STARR
Ja... Das ist eine Spitzfeder...

Sie kann auch zu einer töd-lichen Waffe werden!
Warte!!
Be-ruhig dich bitte!!
Hm?
Hast du was gesagt?
Hah?!
Sie will mir nicht zuhören!
Ich bitte dich, Itsuki Aino!
Ich will nicht, dass du zur Mörderin wirst!!
WUSCH

Hey! Warum rennst du denn weg?
Warte!
TAPP TAPP TAPP TAPP
Ich weiß, dass du ...
... mich aufs Blut hasst!
Aber wenn du mich jetzt tötest, wird dir dein Weg als Mangaka für immer verbaut!
Du darfst das nicht tun!!
PATT PATT PATT PATT
Du hörst mir ja überhaupt nicht zu!!
Ah!!
TACK
Guuh ...
WAMM

Gaaaah!!
TSCHICK
BOFF
Aaaaaah!!

Warum rennst du vor mir weg?!
Tu das bitte nicht!!
Hä?!
Wovon redest du?
Du willst mich doch töten, oder nicht?! So will ich nicht sterben!
Und ich will dir nicht noch mehr von deiner Zukunft wegnehmen!
Hä?! Was meinst du damit?!
SAG BLOSS, DU HAST WIRKLICH HEIMLICH IN MEINEN ENTWURF GESCHAUT?!
BIST DU IN MEIN ZIMMER GESCHLICHEN, WÄHREND ICH GESCHLAFEN HABE?!
Was?!

Das hab ich ganz sicher nicht gemacht!!
Nein, hab ich nicht!
Also willst du mir weismachen, das wäre Zufall?!
Du hast also ganz zufällig einen Manga mit demselben Namen und derselben Story gezeichnet?!
Eine Zei... Zeitmaschine...
Zeit...
Was?
Ja... Eines Tages ist ein Blitz in meine Wohnung eingeschlagen.
Meine Mikrowelle und mein Kühlschrank sind zusammengeschmolzen...
... und irgendwie ist dabei eine Zeitmaschine entstanden.
Und aus ihr kamen Jump-Ausgaben, die erst in zehn Jahren erscheinen...
Ich hab gedacht, dass ich das alles nur geträumt hätte, und hab dann diesen Manga gezeichnet!

* Beschreibt Menschen, die sich in ihre Häuser zurückziehen und den Kontakt zur Außenwelt meiden

Gibt es etwas, das nur du zeichnen kannst?
Hm?
Angenommen, wir beide hätten die gleichen Werte und Visionen...
... dann wäre es schon möglich, dass wir beide zufällig den gleichen Manga zeichnen würden.
Also, sag mir...
... ob es irgendwas gibt, das kein anderer außer dir zeichnen kann! Etwas, das nur du anderen vermitteln kannst...

Oder bist du einfach nur ein flacher Mensch...
... der das nicht kann?
»Flach«...
Dieses Wort ist wie ein Fluch für mich.
Das ist ein völlig flacher Entwurf.
FLAPP
Absolut nichtssagend.
In der Story steckt ganz viel von dir selbst drin!
Nein, das stimmt nicht. »White Knight«...
... ist nicht mein Manga.
Also bin ich doch nur...
... ein total flacher Mensch ...
Das ist etwas, das ich von niemandem hören will...
Das wollte ich mir selbst nie eingestehen...

Ich werde nie dieses eine Mal in der dritten Klasse vergessen...
Ich hatte einen Manga gezeichnet, den ich heute kaum als Manga bezeichnen würde, weil er so chaotisch und schlecht war.
Die Figuren habe ich von beliebten Mangareihen abgekupfert.
Aber alle hatten mit dem Manga ihren Spaß... Das war für mich die allergrößte Freude.
In der Mittelstufe fing ich dann ernsthaft damit an, Manga zu zeichnen.
Aber das war auch immer nur ein Mischmasch aus bekannten Manga, die ich mochte.
In der Oberstufe reichte ich etwas bei einem Verlag ein...
... aber man lehnte es ab, weil es nicht originell genug war.
Auf der Kunstschule für Manga sagten auch die Lehrer immer wieder, dass ich meinen eigenen Stil finden und etwas zeichnen soll, das nur ich zeichnen kann.
Ich tastete mich an einen eigenen Stil heran und zeichnete ganz eigene Sachen...
... aber als ich ihnen meine Manga zeigte, hieß es immer noch: »Finde deinen eigenen Stil und zeichne etwas, das nur du zeichnen kannst!«

TEPPEI SASAKI,
ZEICHN.
ORIG.
CHAR.
AUSF.
Mit 20 gewann ich den monatlichen Wettbewerb.
BEURTEILUNG VON NANASHINO-SENSEI
EIN GELUNGENER KLASSISCHER SHONEN-MANGA, DEM ES LEIDER AN EIGENSTÄNDIGKEIT FEHLT UND DER NICHT KOMPLETT STIMMIG WIRKT.
BE-SENSEI
…GESAMT GUTES ERGEBNIS, DAS ABER KEINEN GROßEN EINDRUCK HINTERLÄSST. ER SOLLTE EINEN EIGENEN, ORIGINELLEN STIL FINDEN.
Aber die Bewertungen waren genauso...
Egal was ich versuche, ich bleibe trotzdem ...
... ein flacher Mensch.
Ich kann mein Ziel nicht erreichen.
Das wird mein Leben lang nichts werden...

Warum sagst du nichts? Gibt es etwa gar nichts, das nur du zeichnen kannst?
Gibt es nichts, das du durch deine Manga deinen Lesern vermitteln willst?
Die Leute, die ihr Ziel erreicht haben, könnten diese Frage sofort beantworten.
Ich muss irgendwas antworten... sonst wird Itsuki Aino, der zukünftige Superstar der Mangawelt, zur Mörderin!
Antworte...
... mir.
Komm schon, tisch ihr irgendeine Riesenlüge auf!
Etwas... das...
Sag etwas, das ein Genie sagen würde!
... nur ich zeichnen kann?
Jetzt kannst du zeigen, was du als Ghostwriter draufhast!

Nichts!!
Was nur ich zeichnen und vermitteln kann?!
Rein gar nichts!!

Aber trotzdem kann so ein flacher Mensch wie ich...
... einen guten Manga zeichnen!
Ich will...
... doch einfach nur ganz viele Menschen erfreuen!
Tut mir leid, Aino-san! Ich kann auf deine Frage nichts anderes antworten! Aber überleg dir gut, was du machst, du hast noch eine Zukunft vor dir!
Haah...
Haah...

Ich auch nicht!
Hä?
Ich hab auch nichts ...
... das nur ich anderen nahebringen könnte!

Äh...
Gar nichts?!
Yup.
Gar nichts.
Ich war schon immer ein Trottel, hatte nie etwas vorzuweisen und wurde stets gemobbt.
Ich war ein völlig farbloser Mensch und wollte trotzdem andere Menschen erfreuen. Also fing ich an, Manga zu zeichnen.
Aber wenn ich in der Schule gezeichnet habe, hat man sich über mich lustig gemacht und meine Zeichnungen zerrissen. Darum blieb ich nur noch zu Hause und zeichnete dort weiter.
V... Verstehe. Das muss schlimm gewesen sein!
Ja, aber ich will mit meinen Manga sogar die erfreuen, die mich gemobbt haben!
Ich will ihnen zeigen, dass es eine Million Mal schönere Dinge als Mobbing gibt!
Sie haben das bestimmt nur gemacht, weil ihnen langweilig war.

Ich träume auch davon...
... mit meinen Manga allen Menschen eine Freude zu machen!
Alle haben Angst vor der Dunkelheit und vor Geistern.
So bin ich auf die Idee für »White Knight« gekommen!
So war das bei dir auch, oder?!
WUPP
ZUCK
Hm? Ääh...
Wow, also hattest du die gleiche Idee!
Auf den Webseiten für Mangawettbewerbe steht häufig: »Zeichne das, was nur du zeichnen kannst!«, oder: »Lass in den Manga eine Botschaft für deine Leser einfließen!«
Was soll das überhaupt? Wenn der Manga gut ist, ist das doch egal! Die Leser interessieren sich nicht für die Mangaka, sondern für die Manga!
Oder?!
Ist doch so! Oder, Sasaki-sensei?!
Äh?!
WUPP

N... Na ja... Wenn du mich fragst...
Stimmt schon, denke ich...
Sag ich doch!
Wir sind uns also ähnlich, Sasaki-sensei!
Ähnlich?!
Ja, darum sind wir auch auf die gleiche Idee gekommen! Ich bin heute hergekommen, um sicherzugehen.
Aber warum bist du denn weggerannt? Hast du gedacht, ich will dich beschuldigen?
Hä?! Ich dachte, du willst mich mit deiner Spitzfeder abmurksen!
Nein, wollte ich nicht! Ich wollte, dass du gaaanz genau siehst, wie abgenutzt die Feder schon ist, damit du weißt, wie ernst ich es mit Manga meine! Du als professioneller Zeichner kannst das doch nachvollziehen!
Ach, das sollte das bedeuten?!
Ja. Du bist ein Pro, Sasaki-sensei. Du hast schon dein Debüt veröffentlicht...
... und ich bin bloß eine kleine Amateurin, die ihren fast identischen Manga nicht schneller rausbringen konnte.
D...Das zu hören tut so weh!!
Aber...

... ich werde nicht verlieren!
Irgendwann mache ich einen Manga, der eine Milliarde Mal besser ist als »White Knight«!
Ich werde dich noch übertreffen!
Darum überlasse ich dir »White Knight«.
Viel Erfolg damit!

Damit geht unser Kampf los!
Mach dich auf was gefasst!!!
TAPP
Äh?! Hey! Aino-san!!
Das Genie Itsuki Aino, das plötzlich aufgetaucht ist...
... ruft mir wie eine Mangaheldin einen coolen Spruch zu...
Häää?!
... und haut dann einfach so ab...
Und so sollte die wöchentliche Serie in der Jump beginnen...
... ungeachtet dessen, wie Teppei sich fühlte.

Wenn man eine Feder fallen lässt, kann sie sich in den Boden reinbohren!
TSCHICK

Kaum hab ich das Genie Itsuki Aino zu Gesicht bekommen, ist sie schon wieder davongestürmt...
Ich wollte sie noch mal ausfindig machen und ihr die ganze Wahrheit erzählen...
... aber mir ist eine Sache klar geworden.
4
Die Fälschung
Ich muss diesen Manga zeichnen!
Ich muss »White Knight« als Serie vollenden!

Eine Serie im Wochenrhythmus...
... ist ein Kampf gegen die Zeit.
Alle sieben Tage muss man ein neues Kapitel fertigstellen und an die Leser bringen.
Das kann man unmöglich allein schaffen!
BADOOOMM
Darum arbeiten Mangaka mit Assistenten zusammen...
... um ihren Manga in hoher Qualität fertigzustellen.
Mein Ansprechpartner Muneoka stellt mir heute...
... meine Assistenten vor, die es echt draufhaben.
Aber...

Ich heiße Genki Akaishi!
Auf »White Knight« fahre ich total ab und ich bin krass froh, dein Assistent sein zu dürfen!
Schön, dich kennenzulernen!
Genki Akaishi (19). Zweiter Platz beim Tezuka-Wettbewerb. Noch kein Mangadebüt.
Ich bin Yamane!
Ich freue mich auch, dir bei »White Knight« helfen zu dürfen.
Ich war schon Chief Assistant, also kannst du dich auf mich verlassen!
Jiro Yamane (35). Von Beruf Mangaka-Assistent.
Ich heiße Hajime Igarashi.
Ich hab große Achtung vor dir!
Sehr angenehm!
Hajime Igarashi (23). Gewinner des monatlichen Wettbewerbs. Hat einen One Shot gezeichnet.

Und ich bin Itsuki Aino!
Ich werde mein Bestes geben, damit der Manga »White Knight«, den ich auch gezeichnet habe, gut wird!
Itsuki Aino (17). Die Mangaka, deren »White Knight« in zehn Jahren erscheint.
Wa...
Was machst du denn hier?!
Hach, das ist so easy heut-zutage!
Ich hab auf einer Webseite für Assistenten eine Stelle aus-geschrieben...
... und es hat sich gleich eine fantastische Zeichnerin beworben.
Und das war Aino-san!
Kennt ihr euch?

W...
Was mach ich denn jetzt?!
Ich hab echt nicht erwartet, dass es dazu kommen würde!!
Wie meinst du das, dass du ihn auch gezeichnet hast? Nachgezeichnet?
?
Nein! Bevor Sasaki-sensei seinen »White Knight« veröffentlicht hat ...
... hatte ich auch an einem Manga mit demselben Namen und demselben Setting gearbeitet! Aber das ist reiner Zufall!
Häa?! Du lügst doch! Ja, klar! Als ob das passiert wäre!
Grrr!
Nein, ich lüge nicht!
Na ja, das Gefühl kennt doch bestimmt jeder Mangaka.
»Jetzt hat der meine Idee geklaut!«
Ach, Leute!
Ich hab ja schon viel mitbekommen, aber dass sogar die Titel gleich sind, ist heftig!
Wi... Wi... Willst du...
... wirklich meine Assistentin sein, Aino-san?

Ja!
Ich bin doch wie du, Sasaki-sensei!
Hmmpf!
Also kannst du mir das ruhig anvertrauen!
DOOONG
W... Warum will sie denn unbedingt mitmachen?!
Klar, ich ärgere mich, dass du mit dem Manga schneller warst...
... und dass dein »White Knight« besser ist als meiner!
Grrr!
D... Das ist dein »White Knight«, an dem du zehn Jahre lang gearbeitet hast!
Aber ich will dir helfen, weil ich die gleiche Vision habe!
Ich will alles in meiner Macht Stehende tun, um dich zu unterstützen!

Und damit ich irgendwann deinen »White Knight« überbieten kann...
... will ich hier an meinen Fähigkeiten feilen!
Hey, du bist ganz schön frech zu Sasaki-sensei!!
Und du greifst mich hier die ganze Zeit an! Du bist hier der Freche!!
Ach, Leute!
Und was ist mit der Uniform? Bist du noch Schülerin?!
Ich hab die Schule abgebrochen und bin nach Tokyo gezogen! Mit meinen Fehlstunden krieg ich eh keinen Abschluss!
Kannst du hier überhaupt arbeiten?!
Und ich kann tragen, was ich will!
Häää?! Du hast die Schule abgebrochen?!
Okay, Leute!
Jetzt hört mal auf und schaut euch das hier an!
Das ist ein Manuskript von Aino-san.

Ooh! Das ist ja super!!
S... S... Sie ist wirklich gut! Fast so gut wie ich!
Mann, das ist nicht nur gut, das hat auch einen ganz eigenen Stil!
Sie hat Talent.
M... Meint ihr das ernst?!
Ich hab nie jemandem meine Zeichnungen gezeigt, darum hatte ich ehrlich gesagt echt Bammel!
WUPP
Ja, wirklich! Du bist total begabt, Aino-san!
Fast so begabt wie ich!
Ein Genie ist hier!
PATT PATT
Sie wird von allen herzlich aufgenommen!
Ja, sie ist echt gut. Und sie will ja auch gern mitmachen!
Aber...
Aino-san ist ein vielversprechender Neuzugang für uns.
Bis dann!
Ab hier übernimmst du, Sasaki-kun!
Hey! Muneoka-san?!

Ich wollte ihr alles gestehen und mich entschuldigen...
... aber ich konnte es nicht.
Wenn ich ihr alles erzählt hätte, hätte ich sie zutiefst verletzt.
Im schlimmsten Fall würde sie wegen mir das Zeichnen aufgeben.
Auf eine gute Zusammenarbeit...
... Sasaki-sensei!
Darum ...
... kann ich ihr nicht die Wahrheit sagen.
A... Auf eine gute Zusammenarbeit!
So kann Aino-san ihr Ziel weiterverfolgen...

Wir haben uns alle kurz kennengelernt, dann sind die anderen gegangen.
Meine Assistenten werden sich um die Hintergründe und die Feinarbeit kümmern.
Also muss ich schon vorher die Charaktere und die wichtigsten Bildelemente zeichnen.
Aino-san ist jetzt schon so gut...
... aber in zehn Jahren wird sie hundertmal besser sein.
Es bringt nichts. Egal wie gut ich ihren Stil nachahme, es fühlt sich einfach nur wie eine Fälschung an!
Wie soll ich denn so geniale Zeichnungen hinkriegen?!
LOVE ATTAC
Bin ich gut genug...
... »White Knight« als Serie rauszubringen?

Diese Zeichnungen bringen's einfach nicht!!
Das wäre der heutigen Aino-san und der Aino in zehn Jahren gegenüber unverzeihlich!
KRRTSCH
Ich könnte ihr die Wahrheit sagen und sie darum bitten, alles zu zeichnen...
... aber das wäre auch Blödsinn.
Würde sie dann...
... ihren eigenen Manga nachzeichnen, der in zehn Jahren rauskommt?
???
Oder den One Shot lesen und danach alles komplett selbst zeichnen?
Vielleicht würde sie auch gar nichts davon tun wollen!
Dann hätte ich ihr völlig umsonst einfach nur wehgetan!
GRAPP
Und ich würde mich doch nur entschuldigen, um mein Gewissen zu beruhigen!

Es bleibt mir nur, für den Manga bis zum Schluss die Verantwortung zu übernehmen und darauf zu achten, dass er so nah wie möglich am Original bleibt...
... um ihn dann schließlich an die Leser da draußen abzuliefern!
Drei Wochen später
ZIIIRP
ZIIIRP
ZIIIRP
ZIIIRP
ZIIIRP
ZIIIRP
Noch 19 Tage bis zur Abgabe vom ersten Kapitel.
Im Sommer muss man auf jeden Fall Garigari-kun essen!!
Nein, nein, Meloneneis!!
Bohneneis ist die Nr. 1!
Ach, Leute!
Wir sind's, Sensei!
Wir haben nichts mehr von dir gehört, also wollten wir mal vorbeischauen.
KLACK

FUUUUH
Mann, ist das heiß hier!!
Was ist hier los?! Hier ist es ja heißer als draußen!!
Mein Eis ist sofort geschmolzen!
Wie in einer Sauna.
Sensei! Sasaki-sensei!
Waah!! Hast du mich erschreckt! Was macht ihr denn hier?!
ZUCK
Wie tief steckst du denn in der Arbeit?!
Du hast nichts von dir hören lassen. Wir haben uns Sorgen gemacht und sind deshalb hergekommen!
Es ist so krass heiß hier!!
Und ich hab vergessen, dass es hier 'ne Klimaanlage gibt.
Oh, mein Handy-Akku ist ja leer... Sorry, Leute!
Ein Hikikomori würde das nicht vergessen!
PIEP
Und? Wie läuft's mit den Zeichnungen?
Wir haben noch 19 Tage bis zur Deadline, darum sollten wir uns mal an die Hintergründe von den Seiten machen, auf denen schon Figuren sind!

I... Ich hab...
... noch keine einzige Seite gezeichnet.
?!!
Keine einzige?!
Das erste Kapitel soll doch 54 Seiten lang werden! Schaffen wir das?!
Was ist denn los mit dir?
Ich hab schon 54 Seiten gezeich-net...
... aber mit denen war ich nicht zufrieden. Ich zeichne alles neu.
...
Hä?! Sind das fertige Seiten? Die sind doch absolut geil geworden!!
Ich finde die auch gut! Der Stil ist anders als im One Shot.
Nein, die kön-nen wir nicht nehmen! So was kann ich den Lesern nicht...
FLAPP
Aber wir haben keine Zeit mehr!

Tut mir leid, aber ich will alles neu zeichnen!
Ich weiß, dass es mit der Deadline eng wird...
... aber so kann ich das nicht rausgeben!!
Sasaki-sensei...
Ich bin total geflasht von deinem kompromisslosen künstlerischen Eifer!
Darum werde ich bis zum bitteren Ende mit dir zusammenarbeiten!
Oooh Gott!
Aber schaffen wir es, wenn er alles neu zeichnen will?
Ja, mit unserem Kampfgeist!!
Aber mit Kampfgeist allein wird das nichts.
Man sollte auf keinen Fall die Deadline für das erste Kapitel einer neuen Serie verpassen!
Gnnnh ...
Wir sollten es folgendermaßen machen...

Zuerst sollten wir die Hintergründe zeichnen.
Wir können auf den aussortierten Charakterseiten ungefähr sehen, wie die Hintergründe sein müssen, darum können wir sie separat zeichnen.
Wenn der Sensei mit seinen Charakterzeichnungen fertig ist, fügen wir sie am Computer in die Hintergründe ein!
Arbeit am Computer bin ich gewohnt.
Hintergründe zeichnen
HINTERGRÜNDE
AUSSORTIERT
Charaktere zeichnen
CHARAKTERE
ZUSAMMENFÜGEN
Wenn Sasaki-sensei in den nächsten zehn Tagen alle Figuren zeichnet, sollten wir es schaffen!
Oooh! Super Idee, Yamane-san! Du warst ja auch früher Chief Assistant!
Sei bitte auch bei uns der Chief Assistant!
Dürfen wir dich Yama-san nennen?
Hahaha! Okay, dann lasst uns mit den Hintergründen loslegen!
Leute...
Danke!
Wenn du alles gibst, werden wir das auch tun!!
Wir sind doch Kollegen!
Deine Kampfgefährten! Wie in einem Shonen-Manga!
Freundschaft, Fleiß, Triumph.
Hahaha!

Zehn Tage später
Boaaah! Das ist ja obergeil geworden!!
Klar ist das gut geworden! Jetzt nur noch in die Hintergründe einfügen, dann sind wir fertig.
Die Geburt eines Meisterwerks.
...
Ich hab's endlich geschafft...
Es ist wirklich besser als vorher!
Damit bin ich Itsuki Ainos Zeichnungen...
... wenigstens ein bisschen näher gekommen...
Was sagst du dazu, Aino-san?
Hm? Ich?
...

Ich finde die Zeichnungen echt gut!
Die sind perfekt!

TSCHRIPP
Haah... Haah...
Nein, es ist immer noch nicht gut genug!!
Häääääää?!
9 Tage bis zur Deadline...
... und 0 Seiten fertig...

Schau dir mal dieses schöne Dreieck an!
Deins ist bloß so ein Viereck!
Hehehe!
RASSHAI 24
Ach, was laberst du?
Warum sollte dein Eis besser sein?!

5 Eine echte Fälschung
Was machst du denn da, Sensei?!
DEADSKULL

DIESE ZEICHNUNGEN ...
... KÖNNEN WIR NICHT NEHMEN!
Warum denn?! Aino hat doch auch gesagt, dass sie perfekt sind!
Sie lügt.
Auch wenn es noch zehn Jahre bis zu ihrem Manga dauert, würde das Genie Itsuki Aino nichts »perfekt« nennen!
Schon gar nicht diese Zeichnungen!
Aino-san! Bitte sag's mir ganz ehrlich!
Die Zeichnungen reichen nicht aus, oder?!
Ich...

Ich hab doch Verantwortung zu tragen!
Ich bin für diese Geschichte, die du erst in zehn Jahren zeichnest, verantwortlich... denn ich habe sie jetzt schon angefangen!
Und ich bin schuldig...
... weil ich dir deinen Manga gestohlen habe!
Bitte sag mir die Wahrheit ...
Ich vertraue darauf, dass du gut urteilst!
... Aino-San!
Also sei bitte ganz ehrlich!!

Mann, war das so offensicht-lich?
Ich bin wohl total schlecht im Lügen!
Hm?
DING DONG
!
Aber du über-raschst mich.
Du hältst mich also doch für eine Schwes-ter im Geiste!

Hey, Leute!
Ich hab gehört, dass die Charakterzeichnungen fertig sind, also wollte ich sie mir mal anschauen!
Hier, für euch!
HIER KOMMT TAKOYAKI!
Ich war ganz schön nervös, als es hieß, dass alles noch mal neu gezeichnet werden muss!
Aber schön, dass das jetzt erledigt ist.
Äh, ist irgendwas passiert? Wo sind denn die Zeichnungen?
D... Da drüben.
Haaah?! Was?!
Warum sind die denn zerrissen?!
Sasaki-kun!!
Was geht denn hier ab?!

Bitte lassen Sie mich...
... die Charaktere noch einmal zeichnen!!
Nein, das geht nicht!!
Ich weiß, das ist zu viel verlangt, aber...
Nein, das schaffst du nicht mehr! Ihr habt nur noch neun Tage!!
Was hast du da nur angerichtet?!
Warum hast du das gemacht?! Die Zeichnungen sind doch absolut okay!
Ich bitte Sie! Irgendwas scheint den Zeichnungen noch zu fehlen!
Und solange ich nicht weiß, was es ist, kann ich »White Knight« den Lesern nicht präsentieren!

Was zur Druckerei geschickt wird, kann nicht mehr geändert werden.

Was haben Sie damit vor?
Das nehme ich mit, sicher ist sicher.
Schönen Feierabend!
Ich bat alle, nach Hause zu gehen.
Das hier dürfen sie nicht sehen…
Ich kopiere den Originalmanga und pause ihn ab.
Eine verzweifelte Methode, die ich nie nutzen wollte…
KLACK
Aber wie ich mich dabei fühle, spielt keine Rolle.
Ich will, dass die Leser dem Ursprungs-»White Knight« nahe sein können…
KRITZEL
TICK
TICK
TICK
Wieder nichts! Selbst wenn ich abpause, kriege ich nicht ihre Strichführung hin!
Das sind seelenlose Figuren! Fälschungen! Was soll ich denn jetzt machen?!
Ding Dong
ZUCK

Hi!
Aino-san?!
Was machst du denn hier?
Vor allem so spät...
Ich will dir was sagen!
W... Was denn?
Du bist ein Vogel...
... Sasaki-sensei!
FLAPP FLAPP
FLAPP FLAPP
Hä? Ein Vogel?
Was soll das denn heißen?

Ja, ein Vogel. Du bist völlig ungebunden und fliegst frei am großen, weiten Himmel umher.
???
FLAPP
FLAPP
Ja, so meine ich das. Also, gib weiterhin dein Bestes!
Ciao!
Was sollte das denn?!
W... Warte!
Sag mir bitte...
... was meinen Zeichnungen für »White Knight« gefehlt hat!

Warum fragst du mich das?
Äh...
Ich meine... Du hast doch auch...
... »White Knight« gezeichnet... Also g... ganz zufällig...
Genau!
Dein Entwurf, den du mir gezeigt hast, war super! Und deine anderen Zeichnungen auch!
Ich finde auch ...
... dass wir einiges gemeinsam haben.
Ach, also doch!
Danke, dass du das sagst.
Das freut mich.
Den-noch...

... kann ich dir darauf nicht antworten.
Es ist doch dein »White Knight«, Sasaki-sensei!
Ähm... Ich dachte erst, ich könnte deine Assistentin sein und dich beraten...
... weil ich das Gleiche gezeichnet habe.
Ich dachte, so könnte »White Knight« noch viel besser werden.
Ist mir peinlich, wie übermütig ich da war.
Aber...

Es freut mich, dass du mich mit einbeziehst...
Mach dir um meine Meinung deshalb keinen Kopf! Du machst dir viel zu viele Gedanken!
... als ich gesehen habe, wie ernst es dir mit »White Knight« ist, ist mir eins klar geworden.
»White Knight« ist dein Manga, Sasaki-sensei.
Aber das ist natürlich klar!
... aber zeichne »White Knight« bitte genau so, wie du ihn zeichnen willst, Sasaki-sensei!
So kannst du bestimmt einen »White Knight« schaffen, wie du ihn schon als One Shot gezeichnet hast!
In »White Knight« steckt vor allem ein Gedanke...
»Ich will damit ganz viele Menschen unterhalten!«
TEPPEI SASAKI

PANG
ZUCK
Danke, Aino-san!
Ich werde mein Bestes geben, sodass es mein ganz eigener »White Knight« wird!
Okay!
Ich freu mich schon drauf!

»White Knight« so zeichnen...
... wie ich will?
Das sagt sie so einfach, aber ich weiß nicht genau, wie ich das machen soll.
Aber dank ihr ist mir eins aufgefallen.
Ich hab die ganze Zeit versucht, Itsuki Ainos Zeichnungen perfekt zu imitieren.
Aber am Ende kommt nur eine Fälschung dabei heraus...
Ich bin nicht Itsuki Aino.
Ich bin Teppei Sasaki!
Wenn ich...
... das Manuskript fertig zeichnen will...
... muss ich das...

... in meinem Stil tun...
... und es zu meinem eigenen »White Knight« machen!
Hi-Mckie

9 Tage später. Der Abgabetag.
Was für ein fantastisches Manuskript!!
Super gemacht, Sasaki-kun!
Ja, Mann! Ich hab's schon mehrmals gelesen, aber muss immer noch heulen!
Es ist besser als das zweite.
Kein Wunder.
Ja, das ist deine beste Arbeit!
Gut, dass du zum Stil deines One Shots zurückgekehrt bist!
Jepp! Er hat seinen Stil im ersten und zweiten Manuskript geändert.
Es war ganz anders und erfrischend, erstaunlich gut...
... aber das hier mag ich mehr!
Die Figuren sprühen nur so vor Leben!
Es war harte Arbeit, aber schön, dass das erste Kapitel fertig ist.

Leute!
Es tut mir echt leid, dass ich euch solche Umstände gemacht habe!
Ach, alles gut.
Jepp! Ist doch ein schönes Manuskript geworden!
Hmpf! Na ja, es kommt nicht an das ran, was ich kann!
Sei bloß nicht so großkotzig!
Sasaki-sensei und ich sind Rivalen! Was geht dich das an?
Was?!
Ach, Leute!
A... Ach ja, darf ich dich fragen...
... was du vom Manuskript hältst?
Es ist natürlich absolut nicht perfekt!
BANG
Hä?!

Aber ich finde es sehr gut!
Es ist echt super!
Wie gesagt, sei nicht so großkotzig! Du hast nicht mal einen Wettbewerb gewonnen!
Werde ich aber! Und ich werde vor dir mein Mangadebüt haben!
Was sagst du da?!
Ach, Leute!

Bonus: »Wieder dieses Thema!«

ASPARA GAS
EINE LEUCHTENDE ZUKUNFT MIT
BRRZZZ
BRRZZZ
BRRZZ
Es beginnt jeden Montag...
... um 16:59 Uhr.
BRRZZZ
BRRZZZ
6
Stopp!
SHORP

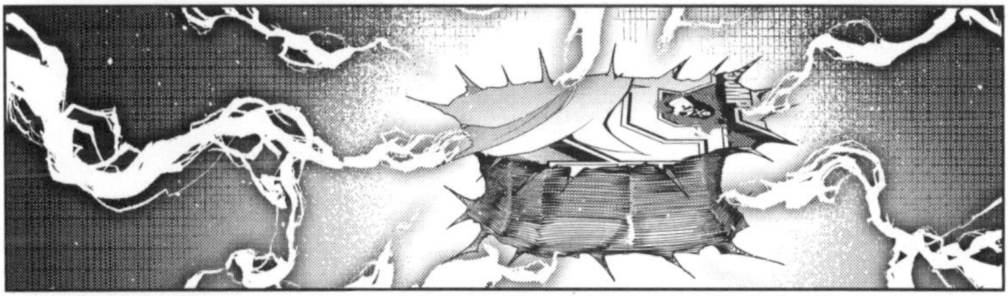

23 24 25 26 27 28 29
Und um Punkt 17:00 Uhr...
PING
... erhalte ich die neue Ausgabe der Jump, die in zehn Jahren erscheint.
Ich muss...
NEUERSCHEINUNGEN
... dieses Meisterwerk aus der Zukunft...
... in die Jump der Gegenwart übertragen.
KAPITEL 15: KAMPF UM LEBEN UND TOD
WHITE KNIGHT
ITSUKI AINO
D... Das ist ja wieder krass! Jede Woche ein weiteres geniales Kapitel!
Itsuki Aino ist so begabt... Sie ist die begabteste Mangaka von allen!
?!!

Die nächsten drei Kapitel...
... haben Farbseiten?!
WERDE ZUM RITTER!
Es gibt erst 15 Kapitel...
... aber die Serie kommt in den Leserumfragen super an und die Redaktion ist bestimmt auch total begeistert!
Ich trage eine riesige Verantwortung.
Bitte... Ich will, dass mein »White Knight« hier auch so gut ankommt!
Ich könnte mir das sonst mein Leben lang nicht verzeihen!

Mon-
tag, der
31.08.2020
Serienstart
von Teppei
Sasakis
»White
Knight«
NEU
NEU
WEEKLY JUMP
SCHOKO-KÜKEN –
10 STÜCK 1.200 YEN
BÜCHER UND
ZEITSCHRIFTEN
NEU

Gratuliere! Das erste Kapitel landete bei der Leserumfrage...
... auf Platz 1!!
Woooooh!!
Yay!!
Hat sich doch gelohnt, sich bis zum Ende so sehr den Kopf zu zerbrechen!
Natürlich!
Gott sei Dank! Aber das ist erst Kapitel 1.
Die Story ist zwar großartig, aber sie hat meine Zeichnungen.
Ich darf nicht zulassen, dass der Manga unter meinen Zeichnungen leiden muss und irgendwann abgesetzt wird.

Okto-ber
Die Woche, in der das sechste Kapitel erschien.
Diese Woche ist er auf Platz 2!
Yay!!
Super! Läuft ziemlich gut. Ich scheine den Manga nicht allzu sehr zu versauen...
Das bleibt unter uns: Wir haben schon ein Angebot für einen Anime bekommen!
?!
Waas?! Jetzt schon?!
Für manche Serien kommen schon Angebote nur wegen des ersten Kapitels rein!
Wow! Das wusste ich gar nicht!
Das läuft ja fantastisch!!
Woooh! Ich freu mich total!!

04.11.2020... Das erste Taschenbuch von Teppei Sasakis »White Knight« ist im Handel.
Weil es gleich ausverkauft war, wurde es schnell nachgedruckt.
EINE SCHICKSALHAFTE BEGEGNUNG, DIE DIE WELT DER FINSTERNIS ERLEUCHTET!
TEPPEI SASAKI
NEU ERSCHIENEN
Ich hatte mich deshalb verrückt gemacht, aber »White Knight« ist auch in dieser Welt beliebt.
Aber er hat wegen meiner Zeichnungen nicht die gewaltige Popularität vom »White Knight« aus der Zukunft erreicht.
Das neue Kapitel war wieder Bombe!
Ja! Das war total krass!
Ich werde weiterhin »White Knight« in unsere Zeit übertragen...
... und ihn zu Ende bringen, egal was passiert!
Das ist meine Pflicht!
CORNER

Dezember
Sasaki-sensei...
Du isst immer nur diese billigen Instant-Ramen!
Willst du nicht was Besseres essen?
Hmmm?!
Nein, ich ess das gern!
KLACK
Hallo Leute!
HIER KOMMT TAIYAKI!
Mann, die Serie läuft echt gut!
Ich hab übrigens Riesenneuigkeiten!
Ach ja, was denn?!
Aino-san hat...
... den Tezuka-Preis gewonnen!
Waaa-aaas?!

Wow, Aino-san! Wann hast du denn deinen Manga gezeichnet?
Glück-wunsch!
KLATSCH
KLATSCH
Jaaa!!
Shit, du hast mir den ersten Platz wegge-schnappt!!
2. Platz
Aber gratuliere, verdammt!!
KLATSCH
KLATSCH
Glück-wunsch.
Gratuliere, Aino-san!
Hihi!
Ich werde dich noch überholen!
Klar!
Wollen wir zur Feier des Tages Yakiniku essen gehen?
Du isst doch immer nur Instant-Nudeln, Sensei!
Ja, ich will Fleisch essen!
Klingt gut!

YAKINIKU VOM HOLZKOHLEGRILL
KAZOKU
PM11:00
Herzlichen Glückwunsch zum ersten Platz, Aino-san!
Und vielen Dank für die gute Arbeit, Leute!
PLAPPER
PLAPPER
Hey, Aino! Das war alles mein Fleisch!!
Ich verstehe kein einziges Wort!!
Omm nomm nomm nomm!
Isst du nur die Kohlbeilage, Sasaki-sensei?!
Na ja... Ich hab heute kein Recht darauf, Fleisch zu essen!
Hä, warum nicht?!

Sasaki-sensei ist immer so seltsam be-scheiden.
Jepp!
Sehr seltsam!
...
Darf ich neben dir sitzen?
Äh, klar!
...
...?
Igarashi-kun?
Ich war...
... schon mal kurz davor, Manga für immer aufzugeben.
!

Ich habe seit meiner Kindheit meinen Traum verfolgt...
... hab einen Preis gewonnen und einer meiner Manga wurde sogar veröffentlicht.
Aber seitdem fielen meine Manga bei Meetings immer durch.
Ich wusste schon gar nicht mehr, was einen guten Manga ausmacht.
Eines Tages konnte ich nichts mehr zeichnen.
Igarashi-kun...
Ich dachte...
... dass ich aufgeben muss.
Aber als ich deinen One Shot gelesen habe, traf er mich wie der Blitz!
Er war ganz klassisch, aber auch so anders...
Vor allem war er in überwältigender Weise unterhaltsam.
So kam ich wieder darauf, was einen Manga eigentlich ausmacht!
Seitdem zeichne ich auch wieder eigene Entwürfe.
Das habe ich dir zu verdanken, Sensei.
Ich wollte es schon immer sagen...
Danke!

Ich weiß zwar nicht, was dich belastet...
... aber mit deinem Manga hast du viele Menschen wie mich gerettet.
Danke...
... Igarashi-kun.
Sorry, ich rede zu viel.
Ich widme mich wieder dem Fleisch.
BLINK
...
Ich hab diesen Manga aus einem Pflichtgefühl heraus weitergezeichnet...
Aber vielleicht hat es ja...
... einen Sinn, dass er jetzt rauskommt.
Hm?
Er hat nichts gegessen und ist eingeschlafen!
Er schläft immer zu wenig. Lassen wir ihn schlafen!
Oh... Ich bin wohl irgendwie...
Die anderen schlafen auch!

KRITZEL
Aino-san...
Wow. Sie hat gerade erst den Tezuka-Preis gewonnen...
... und zeichnet schon etwas Neues.

Ich träume auch davon ...
... mit meinen Manga allen Menschen eine Freude zu machen!
Ich werde nicht verlieren!
Irgendwann mache ich einen Manga, der eine Milliarde Mal besser ist als »White Knight«!
Ich werde dich noch übertreffen!
Und damit ich irgendwann »White Knight« überbieten kann...
... will ich hier an meinen Fähigkeiten feilen!
Es tut mir leid...
... Aino-san...
Ich wünschte, ich könnte ...
... irgendwie die Zeit zurückdrehen.
Und ich wünschte, ich könnte dir die Wahrheit sagen...
... aber das kann ich nicht. Denn wenn der Schock auch nur den kleinsten Zweifel auslöst...
... hängst du das Zeichnen vielleicht komplett an den Nagel.

Oh!
Du bist ja wach!
Warum weinst du denn?!
Ach, mir ist bloß Rauch in die Augen gekommen.
Aber es ist doch gar nichts auf dem Grill!
Was ist los? Hast du eine Pollen-allergie?
E... Es fliegen doch gar keine Pollen mehr herum!
Ach ja, Aino-san... Wenn du willst, kannst du das für deinen Entwurf benutzen.
Ich hab das immer für Zeichenübungen dabeigehabt.
Hm, was denn?
Ahhh!!

Oooh! Ein Skizzenheft!
SKETCH BOOK
Das ist ja fast zu schade für meinen Entwurf!
Aber damit kann ich zeichnen, wo immer ich will.
Das wird mal ein Erbstück!
SKETCH BOOK
Jetzt übertreibst du aber...
Viel Erfolg mit dem Entwurf!
Danke!
Guckst du ihn dir an, wenn er fertig ist?
Na klar!
...
In den Jump-Ausgaben aus der Zukunft heißt es, dass »White Knight« Itsuki Ainos erste Serie ist.
DER KOMETENHAFTE AUFSTIEG DER BISLANG UNBEKANNTEN MANGAKA! WIR WARTEN AUF EURE FANPOST AN ITSUKI AINO!
ADRESSE:
Ich weiß nicht, warum es trotz ihres Talents zehn Jahre gedauert hat...
... aber ich hoffe, dass sie einen Manga zeichnen wird, der »White Knight« bei Weitem übertrifft, und sie dafür nicht zehn Jahre benötigt.

Ich will, dass sich ihr Traum erfüllt...
... mit ihrem Manga alle Menschen erfreuen zu können.
!
Ist bestimmt anstrengend, jede Woche ein Kapitel zu zeichnen!
Ich darf nicht vor ihr weinen oder den Eindruck erwecken, als wäre die Arbeit an der Serie schwierig.
Ich zerstöre sonst ihren Traum. Ich muss aufpassen!
Ja, es ist anstren-gend, aber macht Spaß!
Hehe! Okay, dann ist ja gut!

Neujahr 2021...
Fe-bruar...
März...
April 2021
Montag, 16:58 Uhr
Noch eine Minute, dann kommt die neue Jump.

Bald ist es ein Jahr her...
INFOS ZUM ANIME AUF DEN FOLGENDEN SEITEN!
BALD ALS ANIME!!
In der Jump aus der Zukunft ist »White Knight« immer noch auf dem Gipfel der Popularität. Ein Anime ist in Arbeit.
WHITE KNIGHT
ITSUKI AINO
Ich weiß zwar nicht, wie das sonst in zehn Jahren abläuft, aber das ging ja wahnsinnig schnell!
Wenn mein »White Knight« die Leser auch so sehr in den Bann ziehen kann wie der von Aino-san...
... dann könnte es sein, dass hier in ungefähr zweieinhalb Monaten der Anime angekündigt wird.
BWWWWWW
!?
Hey! Ich bin's, Muneoka!
Ha... Hallo!

Herzlichen Glückwunsch!
»White Knight« kommt als Anime!
Was? So schnell schon?!
Na ja, wir kündigen ihn ein Jahr vor seinem Erscheinen an.
Bis er dann läuft, dauert es über eineinhalb Jahre.
Ah... Verstehe.
Das dauert also länger als beim zukünftigen »White Knight«...
Alles klar... Das ist genügend Zeit!
Okay. Bis morgen dann!
Ich muss mir nur vor Augen halten, dass ich mit meinen Zeichnungen wenigstens ein bisschen vom Zauber des Originals einfangen muss.
Es ist alles okay. Ich kann ihn zu Ende bringen!

Ich werde »White Knight« bis zum Ende weiterzeichnen...
... ganz egal was passiert!
Hm?
BADUMM
Wenn das nicht eine Doppelausgabe ist, die erst nächste Woche kommt...
... müsste die neue Ausgabe doch eigentlich jede Woche um 17:00 Uhr kommen!
17:06
!!!!
Warum...

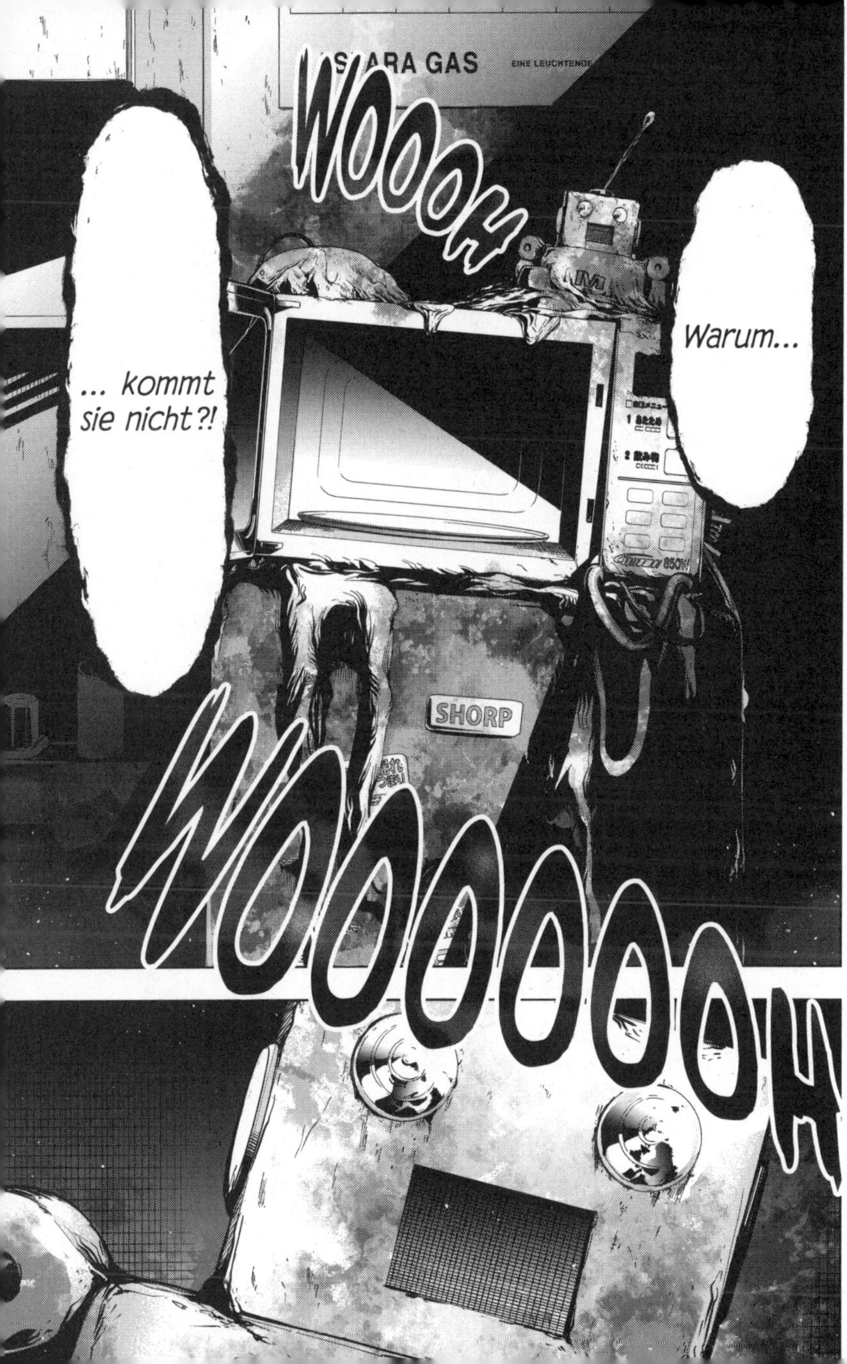

WOOOH
Warum...
... kommt sie nicht?!
SHORP
850W
WOOOOOOOH

Nicht das gegrillte Fleisch mit der Zange nehmen, die an rohem Fleisch war!
sonst gibt's eine Lebensmittelvergiftung!
Iss auch Gemüse, Aino-san!
FLUPP FLUPP FLUPP
Er führt sich wie ihre Mutter auf...

Kapitel 7

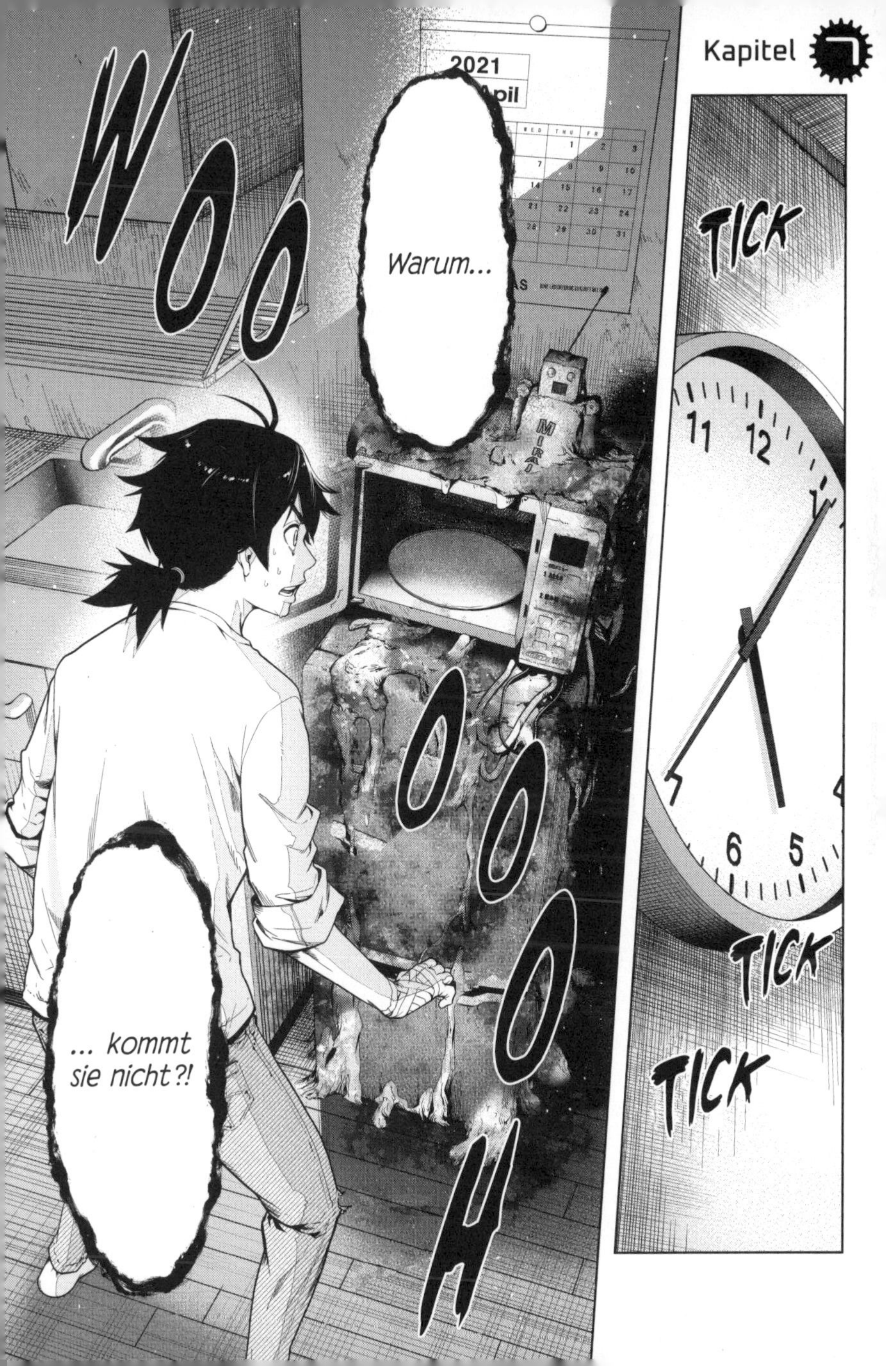

ASPARA GAS
Ich...
... wartete bis zum nächsten Tag...
... aber die Jump aus der Zukunft kam nicht mehr.
SHORP
Was ist auf einmal los?!
Ist in der Zukunft irgendwas passiert, weswegen die Jump-Ausgabe diese Woche nicht erscheinen konnte?
Ach... Es macht doch keinen Sinn, mir über den Grund Gedanken zu machen.
Wich-tiger ist...
... ob die Ausgabe nächste Wo-che kommt!

Jetzt habe ich noch zwölf Jump-Ausgaben, mit denen ich arbeiten kann.
Aber falls keine Ausgabe mehr kommen sollte...
... muss ich nicht nur alles selbst zeichnen...
... sondern auch die Story weiterent-wickeln!
Nein, das kann ich nicht!
Meine Zeichnungen sind ohnehin schlechter...
... aber ich kann keines-falls die Story allein weiter-schreiben!
Und ...
... die letzten Kapitel von »White Knight« waren einfach unglaublich.

Die ganze Serie ist einfach extrem gut.
MIT ÜBER 5.000.000 GEDRUCKTEN EXEMPLAREN DER BESTVERKAUFTE MANGA ALLER ZEITEN, DER DRITTE BAND IST JETZT IM HANDEL! DAS NEUESTE KAPITEL MIT FARBSEITEN – ALS DANK AN EUCH FANS!
KAPITEL 45: DAS ERWACHE
Der Manga ist so beliebt, dass man ihn schon ein gesellschaftliches Phänomen nennen kann.
Bei den Zeichnungen und der Story ist es kaum zu glauben, dass er von einem einfachen Menschen gemacht wurde.
Das macht es für mich umso schwieriger ihn fortzusetzen!
Das kann ich einfach nicht! Wie soll ich das schaffen?!
Die neue Woche. Montag, 16:58 Uhr
TICK
Komm schon, ich bitte dich!
TICK
TICK
Komm!!

BRRZZZ
BRZZZ
BRRZZZ
BRRZZZ
BRRZZZ
BRRZZZ
TICK
BRRZZZ
D... Da ist sie!
BRRZZZ
BRZZZ
Gott sei Dank...
BRRZZZ
Die neue Ausgabe ist da.
Aus irgendeinem Grund kam letzte Woche keine Ausgabe...
... und als wäre nichts weiter passiert...
... kam jetzt wieder eine.

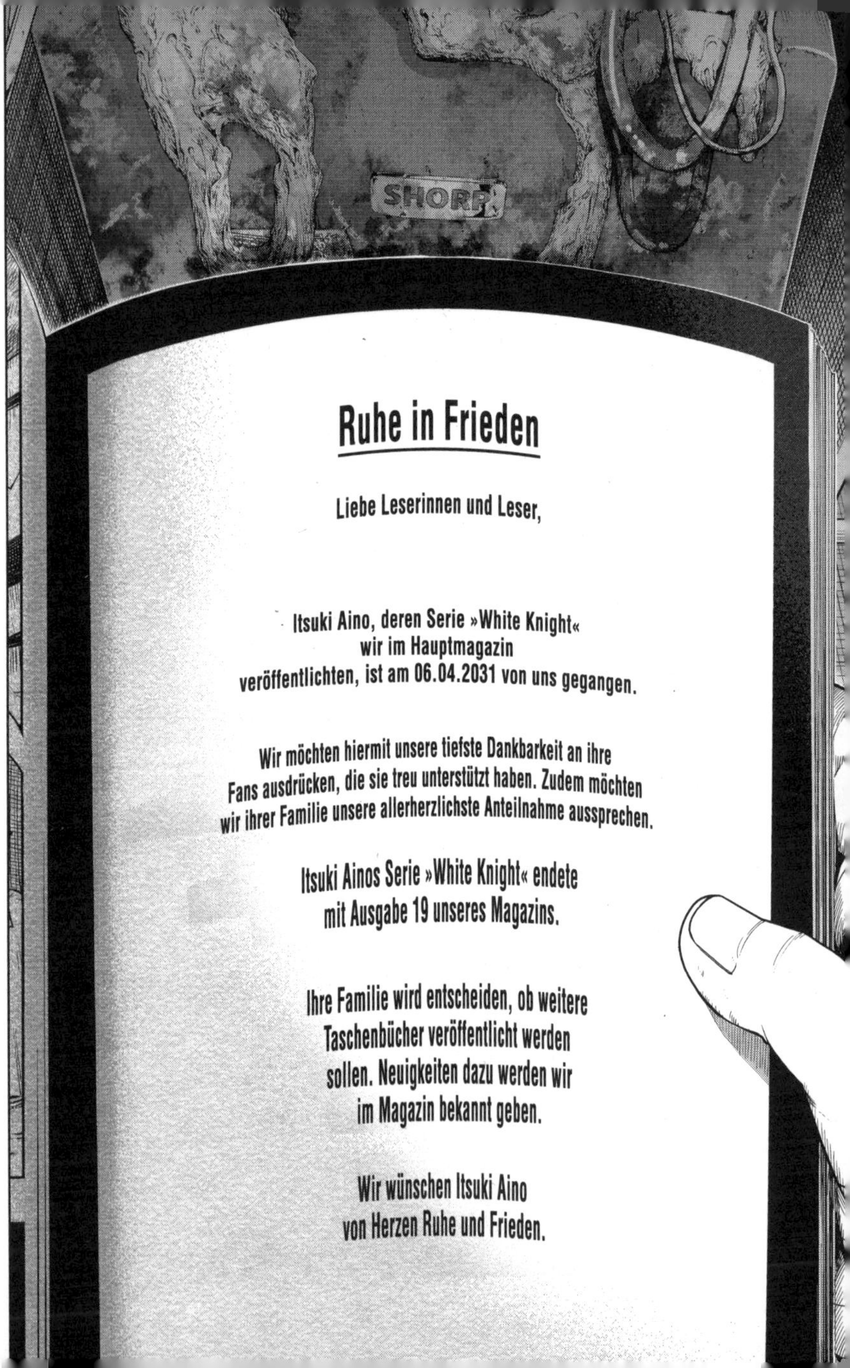
SHORP
Ruhe in Frieden
Liebe Leserinnen und Leser,
Itsuki Aino, deren Serie »White Knight« wir im Hauptmagazin veröffentlichten, ist am 06.04.2031 von uns gegangen.
Wir möchten hiermit unsere tiefste Dankbarkeit an ihre Fans ausdrücken, die sie treu unterstützt haben. Zudem möchten wir ihrer Familie unsere allerherzlichste Anteilnahme aussprechen.
Itsuki Ainos Serie »White Knight« endete mit Ausgabe 19 unseres Magazins.
Ihre Familie wird entscheiden, ob weitere Taschenbücher veröffentlicht werden sollen. Neuigkeiten dazu werden wir im Magazin bekannt geben.
Wir wünschen Itsuki Aino von Herzen Ruhe und Frieden.

Aino-san ist...
... tot?
...

Das ist nicht wahr.
...
Ich...
... träume.
...
FLAPP
21
Ja...
I...
Ich träume gerade nur.
Dass Aino-san tot ist ...
... ist nicht wahr!

Das stimmt nicht!
Aino-san ist nicht tot! Das stimmt einfach nicht!!
Warum?!
Warum musste sie sterben?!
Was geht hier ab?!
Wollt ihr mich verar-schen?!

In zehn Jahren...
Dann ist sie erst 28. Das ist viel zu früh!
Und »White Knight« geht doch gerade erst richtig los!
Sie wollte doch mit ihrem Manga allen Menschen eine Freude machen!
Scheiße ...
Was ist denn passiert, Aino-san?
Was ist in der Zukunft geschehen?

Wird sie dann ebenfalls...
... in zehn Jahren sterben?
Aber ich habe »White Knight« vor ihr veröffentlicht.
Dadurch hat sich Aino-sans Leben schon gewaltig verändert...
... IN DER WELT DER FINSTERNIS ERSTRAHLEN!
TEPPEI SASAKI
Vielleicht...
... kann sie dadurch auch ihrem zukünftigen Tod entrinnen?
Und was wird mit Aino-san in der Gegenwart passieren?

Ist die Jump zu mir ge- kommen ...

... damit ich Aino-sans bevorstehende Zukunft so verändern kann, dass sie nicht stirbt?

Aber...
... was soll ich denn tun, falls das stimmt?
Soll ich dieses Meisterwerk...
... jetzt einfach aufgeben und unvollendet lassen?
Oder geht es gar nicht darum, Aino-sans Zukunft zu ändern?!
Kommen die Jump-Ausgaben zu mir, damit ich die Serie fortsetzen kann?
Nein, wie komme ich denn auf solch einen Schwachsinn?!
Wenn dem so wäre, hätte es doch einen anderen getroffen und nicht mich!
Ich kann das doch gar nicht weiterzeichnen!
Kann ich überhaupt Aino-sans Zukunft ändern, in der sie sterben muss?!
Kann ich etwas dagegen tun?!
Ich schnalle gar nichts mehr!!
Was soll ich denn tun?!

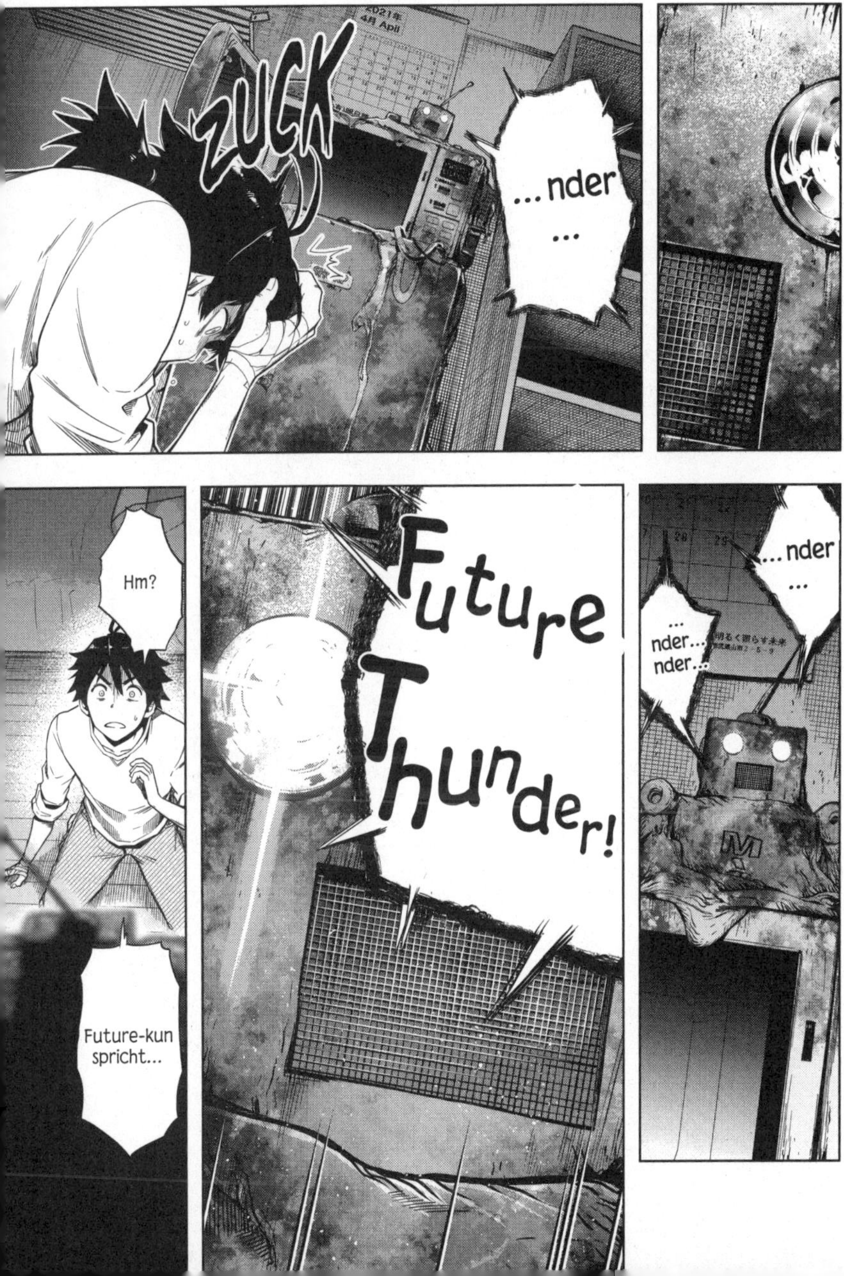
ZUCK
...nder
...
...nder
...
...
nder...
nder...
Future Thunder!
Hm?
Future-kun
spricht...

KRACK
Waaah!!
BZZZSSCH
BZZSSCH
SHORP
?!!

Was zum...
BZZZSSCH
KRACK
Hä?!
KRACK
SSSCH
...
Haah...
Haah...
?!!

SHORP
ZEICHNE WEITER,
»TEPPEI SASASASAKI«.
DIE TODESURSACHE IST NONONOCH NICHT GEBANNT.
SETZE »WHITE KNIGHT« FORT.
RETTE »ITSUKI-CHAN«!
BRRZZZ

Kapitel 7: Time Paradox Ghostwriter

Skizzen

Das heruntergekommene Haus, in dem Teppei wohnt

Vergleich mit großem Wohnhaus

Die Wohnung kriegt kaum Sonne ab und ist recht feucht.

Teppeis Wohnung im ersten Stock

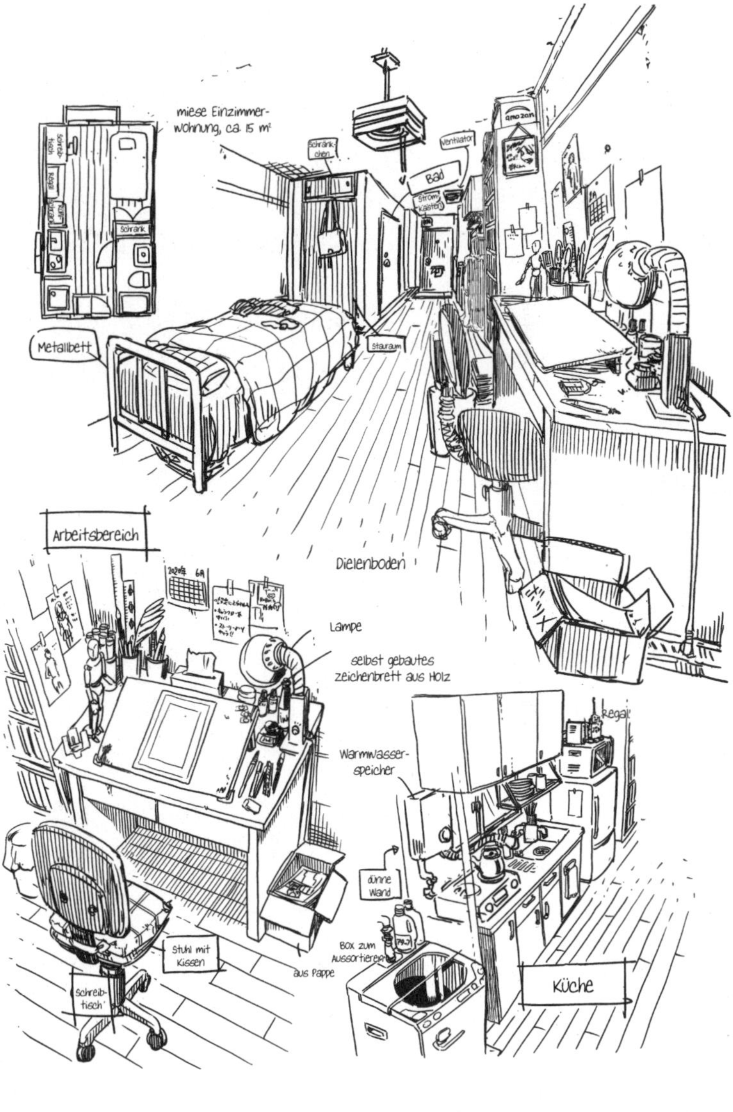
miese Einzimmer-
wohnung, ca. 15 m²
Schreib-
tisch
Regal
Kühl-
schrank
Schrank
Metallbett
Schränk-
chen
Bad
Strom-
kasten
Ventilator
Stauraum
amazon
Arbeitsbereich
Dielenboden
Lampe
selbst gebautes
zeichenbrett aus Holz
Warmwasser-
speicher
Regal
dünne
Wand
Stuhl mit
Kissen
Schreib-
tisch
Box zum
Aussortieren
aus Pappe
Küche

Die Mikrowelle (Zeitmaschine)

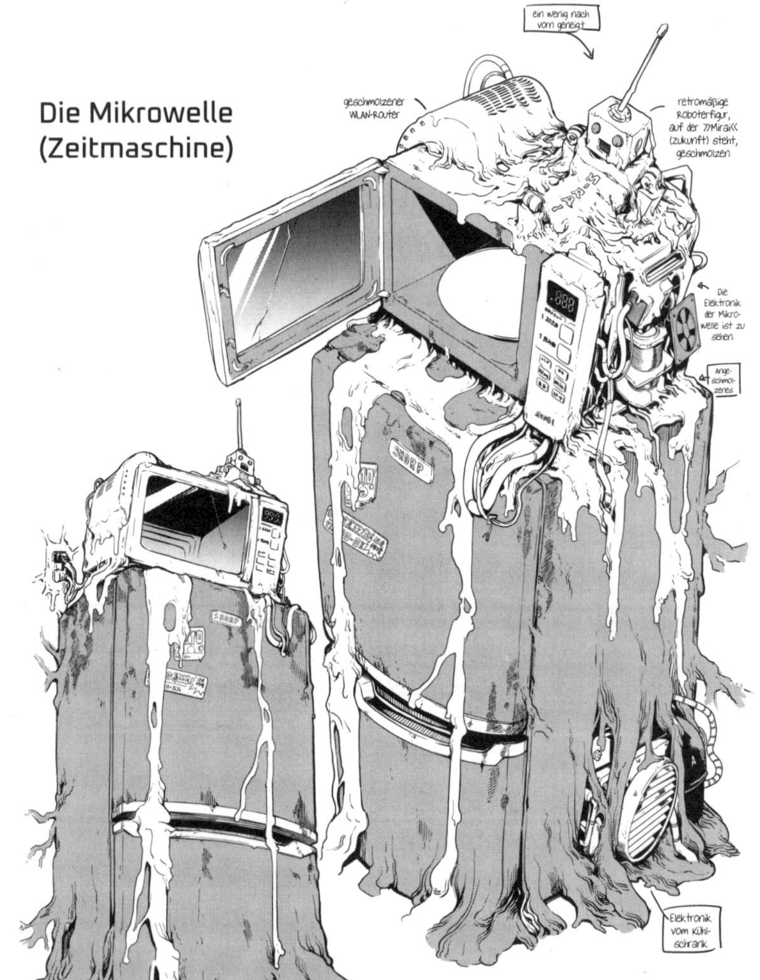

Teppei Sasakis
»White Knight«

Itsuki Ainos
»White Knight«

aus der Zukunft...

WEITER,

SASASASAKI«.

NONONOCH NICHT GEBANNT.

KNIGHT« FORT.

»ITSUKI-CHAN«!

erscheint bald!!

Eine mysteriöse Botschaft

ZEICHNE

»TEPPE

DIE TODESURSACHE IST

SETZE »WHITE

RETTE

Kann Teppei

Itsuki Aino und

»White Knight« retten?!

タイムパラドクスゴーストライター
TIME PARADOX GHOSTWRITER 2

reiche Serien

Boruto
von Masashi Kishimoto, Ukyo Kodachi und Mikio Ikemoto

Narutos Sohn Boruto gilt als Wunderkind und ist genauso rebellisch wie einst sein Vater. Er bittet Sasuke ihn zu trainieren, um ein besserer Ninja als Naruto zu werden…

Naruto
von Masashi Kishimoto

Naruto will der beste Ninja der Welt werden. Weil in ihm ein mächtiges Geheimnis schlummert, wird er von vielen bösen und gefährlichen Ninja verfolgt…

Fairy Tail
von Hiro Mashima

Verrückte Magier, geflügelte Katzen und gefährliche Monster – das ist die Welt von »Fairy Tail«. So nennt sich eine Gilde von sympathischen Outlaws, die mit ihren Zauberkünsten gegen das Böse in der Welt kämpfen, dabei aber mehr als einmal über das Ziel hinausschießen.

Korosensei Quest
von Yusei Matsui und Kizuku Watanabe

In einem alternativen Universum sind die Schüler der Kunugigaoka Junior Highschool keine gewöhnlichen Schüler, sondern Helden in Ausbildung beim Dämonenkönen (Korosensei)!

Assassination Classroom
von Yusei Matsui

Ein übermächtiges Tentakelmonster mit Smileygesicht droht die Erde zu zerstören. Aber erst nächstes Jahr … Bis dahin unterrichtet das Monster die Klasse 9-E der Kunugigaoka Junior Highschool.

Soul Eater
von Atsushi Ohkubo

Maka ist Waffenschmiedin in einer spezieller Ausbildung. Ihre Sense namens Soul Eater hat ein Eigenleben und nimmt außerhalb des Kampfes die Gestalt eines ultracoolen Jungen an.

MANGA HEROES Action

My Hero Academia

von Kohei Horikoshi

In der Welt von Izuku Midoriya besitzt 80% der Bevölkerung Superkräfte.
Doch wie und wo könnten die Helden lernen, ihre Fähigkeiten, die sogenannten »Macken« (jp. Kosei) effizienter zu nutzen? Natürlich an der MY HERO ACADEMIA!

IM – Great Priest Imhotep

von Makoto Morishita

Der Hohepriester Imhotep aus dem antiken Ägypten weilt wieder unter den Lebenden. Im modernen Japan gestrandet, ist er ein Jäger, der die Menschen vor dem uralten Übel der Magai bewahren soll – gottgleichen Wesen, die nach der Vernichtung der Menschen trachten.

Dragon Ball

von Akira Toriyama

Der Legende nach gibt es sieben »Dragon Balls« auf der Welt. Bringt man alle zusammen, so erscheint der mächtige Drache Shenlong und erfüllt einen Wunsch. Nicht auszudenken, was passiert, sollten die »Dragon Balls« in falsche Hände geraten ...

Dragon Ball Super

von Akira Toriyama und Toyotarou

Akira Toriyama und Toyotarou liefern mit DRAGON BALL SUPER die ersten neuen, schwarzweißen Manga um Son-Goku & Co. seit Band 42 – im allerfeinsten »Toriyama-Style«.

One Piece

von Eiichiro Oda

Monkey D. Ruffy und seine lustige Piraten-Crew sind auf der Suche nach dem größten Schatz der Welt: dem One Piece! Klar, dass sie da nicht die einzigen Piraten auf den Meeren sind...

Seven Deadly Sins

von Nakaba Suzuki

Die »Seven Deadly Sins« gelten als die schlimmsten Verbrecher Britannias, Prinzessin Elisabeth macht sich dennoch auf die Suche nach ihnen, denn sie braucht dringend ihre Hilfe...

»PLUS ULTRA«!!
Viele Menschen verfügen über Kräfte, die MACKEN genannt werden. Dass sie ausschliesslich für die Gerechtigkeit eingesetzt werden, hat niemand gesagt. Aber wo auch immer das unausweichliche Übel lauert, sind auch wir HELDEN nicht weit! Hm? Du willst wissen, wer ich bin? HA HA HA HA HA! Schnall dich an, Kurzer, und greif nach deinen Träumen!
MY HERO ACADEMIA
Vol. 1 IZUKU MIDORIYA - ORIGIN
KOHEI HORIKOSHI
CARLSEN MANGA!
MY HERO ACADEMIA
KOHEI HORIKOSHI
www.carlsenmanga.de
CARLSEN MANGA!
BOKU NO HERO ACADEMIA © 2014 by Kohei Horikoshi/SHUEISHA Inc.

DIE NÄCHSTE NINJA-GENERATION!

Naruto Uzumaki ist endlich Hokage und stolzer Vater von zwei Kindern. Sein Sohn Boruto gilt als Wunderkind und ist genauso rebellisch wie einst sein Vater. Boruto ist total genervt von seinem Vater, der nichts außer die Arbeit zu kennen scheint.
Er beschließt gegen die veraltete Denkweise der Ninja zu rebellieren und bittet Sasuke ihn zu trainieren, um ein besserer Ninja als Naruto zu werden …

CARLSEN MANGA!

www.carlsenmanga.de

CARLSEN MANGA

Deutsche Ausgabe/German Edition

Aus dem Japanischen von Sascha Mandler

First published in Japan in 2020 by SHUEISHA Inc., Tokyo.

German translation rights in Germany, Austria, Luxembourg and German-speaking Switzerland arranged by SHUEISHA Inc. through VME PLB SAS, France.

Redaktion: Philipp Nakata

Textbearbeitung: Nina Kroesing

Lettering: Datagrafix

Herstellung: Karen Kollmetz

ISBN: 978-3-551-79314-0

TIME PARADOX GHOSTWRITER ist ein japanischer Comic, und in Japan wird von hinten nach vorn und von rechts nach links gelesen. Man muss diesen Manga also hinten aufschlagen und Seite für Seite nach vorn weiterblättern. Auch die Bilder auf jeder Seite und die Sprechblasen innerhalb der Bilder werden von rechts oben nach links unten gelesen, so wie in der Grafik gezeigt.

Viel Spaß mit **TIME PARADOX GHOSTWRITER**